Turismo, Cultura e Identidade

Turismo, Cultura e Identidade

Clerton Martins
Organizador

Doutor em Psicologia Social/Recursos Humanos e Organizações pela Universidade de Barcelona, Espanha. Especialista em Administração de Recursos Humanos pela Universidade Federal do Ceará. Especialista em Gerência de Marketing pela Universidade Estadual do Ceará. Professor Titular do Mestrado em Psicologia e do Curso de Turismo da Universidade de Fortaleza.

ROCA

ISBN: 85-7241-447-9

CIP-BRASIL. CATALOGAÇÃO NA FONTE
SINDICATO NACIONAL DOS EDITORES DE LIVROS, RJ

T846
Turismo, cultura e identidade
/ José Clerton de Oliveira Martins, organizador. – São Paulo : Roca, 2003

Inclui bibliografia
ISBN 85-7241-447-9

1. Turismo – Aspectos sociais, 2. Identidade social. I. Martins, José Clerton de Oliveira.

03 0419 CDD 306.4
CDU 316.74:338.48

2003

Todos os direitos para a língua portuguesa são reservados pela

EDITORA ROCA LTDA.
Rua Dr. Cesário Mota Jr., 73
CEP 01221-020 – São Paulo – SP
Tel.: (11) 3331-4478 – Fax: (11) 3331-8653
E-mail: edroca@uol.com.br – www.editoraroca.com.br

Impresso no Brasil
Printed in Brazil

PREFÁCIO

Por ocasião do XXII Congresso Brasileiro de Turismo, promovido pela Associação Brasileira de Bacharéis em Turismo (ABBTUR) e realizado na cidade de Foz do Iguaçu, Paraná, em 2002, fui convidada em nome dos autores, por Maria de Fátima Aguiar, a prefaciar este livro. Naquela ocasião fiquei entusiasmada com o andamento de um projeto denominado Turismo da Gente, que dava origem ao conteúdo da presente obra.

Ao receber a cópia dos originais deste livro e os fascículos de jornal como um dos produtos do projeto acima citado, fui tomada por um misto de *alegria*, *satisfação* e *esperança*.

Alegria por tomar conhecimento da importante iniciativa de um grupo de professores do Curso de Turismo da Universidade de Fortaleza que, tendo em vista o desenvolvimento do turismo em municípios de potencial turístico do Estado do Ceará por meio da realização do projeto *Turismo da Gente*, decidiu esclarecer os conceitos nele envolvidos aos interessados.

Satisfação por ver concretamente que essa experiência inovadora provocou uma ação não muito usual no meio acadêmico – uma dupla comunicação, diferente para cada um dos dois segmentos de público que se pretendeu atingir. Inicialmente, os estudiosos de diferentes áreas que fizeram parte do projeto, traduziram o conhecimento científico de forma clara, sintética e atrativa ao leitor em geral. Em seguida, Clerton Martins empenha-se na organização deste livro, propondo que cada autor se debruçasse novamente naqueles textos revisando-os e complementando-os, afim de atingir tanto a comunidade acadêmica quanto os profissionais atuantes no cenário turístico nacional.

Esperança por ter ciência de que os autores, a partir deste livro, se fortalecerão para intervir na realidade turística de Fortaleza e do Brasil, promovendo a verdadeira junção da teoria com a prática em Turismo. Este é um ponto capital para a evolução do Turismo em nosso País, cuja contribuição desta obra é inquestionável.

De início a minha atenção foi focada no título - *Turismo, Cultura e Identidade* - que demonstra a maturidade dos autores em tratar do turismo local em destinos tradicionalmente litorâneos, ressaltando nestes as possibilidades e variantes do aproveitamento da cultura e da identidade na exploração turística aliada à sustentabilidade.

A forma como cada autor discorre sobre o tema de sua especialidade, foge por vezes da formatação extremamente científica, dando a devida liberdade e flexibilidade no encadeamento de palavras e pensamentos, de tal forma que emerge o próprio estilo de cada um. Conformam uma verdadeira equipe de pesquisadores, os quais debruçam seus olhares em múltiplas facetas do Turismo - sustentabilidade, identidade, patrimônio cultural, história, ética, qualidade, planejamento, traduzindo preocupações e reflexões das mais simples às mais complexas, numa cumplicidade com o tema que pode passar despercebida ao leitor menos atento.

Turismo, Cultura e Identidade propõe uma abordagem múltipla do tema, confiando na "capacidade e sabedoria das comunidades locais", chegando à "valorização do fazer e ser local", comprometendo-se com a "relação entre turismo e patrimônio cultural", permitindo "um reconhecimento de várias expressões populares cearenses", aproximando o "conhecimento histórico da atividade turística", observando "os princípios da ética na hospitalidade do povo cearense", destacando a proporção adequada de cada um dos componentes na "qualidade na receptividade", rompendo "antigos conceitos na busca de novas alternativas para o turismo cearense", e pensando "a relação turismo e identidade local dentro de uma perspectiva de desenvolvimento equilibrado".

Mas ao final da leitura da presente obra, mesmo aquele leitor a princípio disperso, terá se concentrado e perceberá os pequenos e grandes desafios lançados ao turismo cearense, sob um enfoque local, relacionando harmonicamente a tríade Turismo, Cultura e Identidade. Mas, e principalmente, ele também sentirá que tais desafios extravasam o âmbito local e se irradiam em diferentes direções atingindo outras localidades, outros destinos turísticos, litorâneos ou não.

Caxias do Sul, 19 de fevereiro de 2003

MIRIAN REJOWSKI

Bacharel em Turismo e Livre Docente em Teoria do Turismo e do Lazer pela Escola de Comunicações e Artes da Universidade de São Paulo. Docente do curso de graduação em Turismo da ECA-USP, dos cursos de Mestrado e Doutorado em Ciências da Comunicação (linha de pesquisa em Turismo e Lazer) na ECA-USP, e professora visitante do Mestrado em Turismo da Universidade de Caxias do Sul. Editora responsável pela revista "Turismo em Análise".

INTRODUÇÃO

Este trabalho é fruto da reflexão de estudiosos do fenômeno denominado na pós-modernidade de Turismo, que possuem em comum o mesmo ponto de encontro diário: o curso de graduação em Turismo da Universidade de Fortaleza.

Atuamos em várias áreas e chegamos de vários lugares, viemos de universidades, bancos de fomento de desenvolvimento, projetos ambientais, cursos de pós-graduação em áreas diversas, mas temos um ponto que nos une hoje no nosso dia-a-dia: o fazer e o pensar que envolve o turismo na nossa região.

As reflexões diárias, os equívocos que percebemos no dia-a-dia e nas práticas curriculares, a desconexão entre os projetos de desenvolvimento e as populações, a reflexão crítica vinda do corpo discente quando deparado com a realidade do cotidiano e a realidade do laboratório da sala de aula nos levam a um pensamento reflexivo perene que nos orienta na busca de tornar o nosso fazer mais adaptado, mais verdadeiro em conhecimento e num fazer que tenha significado no contexto, na nossa satisfação, bem como e principalmente na de nossos alunos ao se depararem com a realidade do mercado, das cidades e da vida no que se refere a sua ação na área.

Depois de percorrermos algumas regiões ditas potencialmente turísticas e iniciarmos um trabalho de preparação das populações envolvidas com a atividade turística e ainda diante da importância que esse fenômeno tomou na região do nordeste brasileiro como atividade econômica, social e cultural, passamos a nos preocupar com conceitos que devem sempre estar norteando a base do pensar da atividade ou fenômeno turístico, principalmente no nosso país, onde gerar empregos e desenvolver cidades ou áreas em curto tempo é vital.

Neste pensamento imediato pode-se esquecer temas básicos para uma atividade sustentável. Assim, trazemos aqui reflexões que devem sempre estar em destaque no pensar das populações, instituições e organismos envolvidos na teia que é o Turismo.

A atividade turística possui no centro um homem que está num meio físico, rodeado por uma cultura que por isso mesmo é único e desta forma, o lugar, a cultura e o ambiente transformado para garantir a sobrevivência, tornam-se atrativos e turisticamente viáveis.

Assim, para esta atividade se tornar algo verdadeiramente significativa e sustentável, deve partir da conscientização desse homem local para um fazer equilibrado, baseado num saber amplo que vai além do espaço que esse homem ocupa.

Desse pensar surgiu este trabalho, que propõe refletir partindo de nossas idéias e experiências em torno de diversos temas relacionados ao turismo enquanto fenômeno e atividade. Aqui resgatamos dentro de uma ótica multidisciplinar, como não poderia deixar de ser, pois o Turismo, enquanto fenômeno ou atividade somente é possível de compreensão sob tal visão polissêmica, questões importantes ao fazer e pensar no Turismo.

O Turismo enquanto área de estudos envolve economia, psicologia, geografia, estatística, sociologia, urbanismo, administração, história, antropologia, direito, ecologia, política etc. Nos textos a seguir oferecemos uma possibilidade de diálogo com as diversas temáticas que envolvem o Turismo, refletindo nossas preocupações a partir de nossos estudos específicos, sempre fruto do contraste entre o saber e o fazer dentro da realidade peculiar que é o Estado do Ceará.

Não pensamos em um público específico para destinar este trabalho. Sendo o Turismo tão amplo e tratado de tantas formas, "produto de uma indústria sem chaminé", "serviço destinado a satisfazer necessidades do homem que trabalha", "um novo setor dentro da economia", "uma nova área dentro das ciências sociais" etc., consideramos as reflexões aqui apresentadas como inerentes ao fazer e ao pensar daqueles que estão de alguma forma relacionados com essa atividade.

A grande preocupação foi realizar algo com o nosso refletir que veio de um contato com o Turismo de forma ampla. Quer tenha sido ele fruto da vivência em sala de aula por anos a fio, quer fruto de nossas pesquisas voltadas às atividades ligadas, à extensão ou à pós-graduação.

Assim, você leitor, entrará em contato com o que pensamos sobre Turismo e Desenvolvimento Sustentável, Cidadania e Participação, qual a importância e a relação entre Turismo e o Patrimônio Cultural, seja ele material ou imaterial, a História local e a relação com o fazer turístico, Ética e Hospitalidade, Qualidade na Receptividade, o que caracteriza o Produto Turístico, além de conhecer um exemplo de como é forte a questão da Identidade Cultural, lendo sobre o caso de Guassucê, por assim citar alguns temas que com certeza gerarão outros desejos de busca.

Caso você deseje comentar algum aspecto do trabalho, receberemos com prazer qualquer observação através do e-mail clerton@unifor.br, pois somos conscientes de que o conhecimento apenas reflete um dado momento de um dado contexto sob alguns aspectos. Quem sabe, com sua ajuda, ampliaremos mais ainda nossas reflexões para futuros trabalhos.

Desta forma, estamos gratos por você ter adquirido nosso trabalho e desejamos acrescentar reflexões que possam transformar cada vez mais o pensar e o fazer no Turismo, numa vertente que valoriza, em princípio, o homem e o seu meio local.

CLERTON MARTINS
Organizador

COLABORADORES

Ângela Maria Rodrigues Ferreira
Mestre em Desenvolvimento e Meio Ambiente, com concentração em Manejo de Recursos Naturais pela Universidade Federal do Ceará. Bacharela em Ciências Econômicas, com capacitação em Turismo. Docente da Universidade de Fortaleza.

Berenice Abreu de Castro Neves
Mestre em Sociologia pela Universidade Federal do Ceará. Especialista em Questões Teóricas e Metodologia em História pela Universidade Federal do Ceará. Professora do Curso de Turismo da Universidade de Fortaleza.

Cristiane Buhamara Abreu
Mestre em Gestão de Negócios Turísticos pela Universidade Estadual do Ceará e Universidade de Barcelona, Espanha. Especialista em Gerência de Marketing pela Universidade Estadual do Ceará. Professora Assistente do Curso de Turismo da Universidade de Fortaleza.

Erotilde Honório
Graduada em Comunicação Social. Mestre e Doutora em Sociologia pela Universidade Federal do Ceará. Professora do Curso de Comunicação Social da Universidade de Fortaleza.

Gleudson Passos Cardoso
Mestre em História Social da Cultura pela Pontifícia Universidade Católica de São Paulo. Professor de História e Historiografia dos Cursos de Turismo, Ciências Políticas e Arquitetura da Universidade de Fortaleza.

Lourdes Macena
Mestre em Gestão em Negócios Turísticos pela Universidade Estadual do Ceará e CETT - Barcelona, Espanha. Professora da Universidade de Fortaleza e do Centro Federal de Educação Tecnológica do Ceará.

Manuela Barros
Graduada em Comunicação Social. Mestre e Doutora em Sociologia pela Universidade Federal do Ceará. Professora do Curso de Comunicação Social da Universidade de Fortaleza.

Maria de Fátima Aguiar
Mestre em Administração pela Universidade de Fortaleza. Especialista em Educação pela Universidade Vale do Acaraú, Sobral-CE. Professora do Curso de Turismo da Universidade de Fortaleza.

Norma Lopes Ginêz Mota
Bióloga e Pedagoga. Professora Adjunta do Curso de Turismo da Universidade de Fortaleza.

Silvia Helena de Menezes Romero
Mestre em Gestão Pública do Turismo: sustentabilidade e competitividade pela Universidade Internacional de Andalucia, Espanha. Especialista em Planejamento e Administração de Turismo. Economista e Turismóloga. Professora Adjunta, nível III do Curso de Turismo da Universidade de Fortaleza.

Simone Oliveira Lima
Socióloga e Mestre em Sociologia pela Universidade Federal do Ceará. Professora Assistente III dos Cursos de Ciências Sociais e Comunicação Social da Universidade de Fortaleza.

Sólon Sales e Silva

Mestre em Gestão de Negócios Turísticos pela Universidade Estadual do Ceará e Universidade de Barcelona, Espanha. Especialista em Planejamento Turístico. Bacharel em Direito. Professor do Curso de Turismo da Universidade de Fortaleza e do Centro Federal de Educação Tecnológica do Ceará.

Vera Sylvia de Matos Dourado Mamede

Mestre em Sociologia pela Universidade Federal da Paraíba. Professora do Curso de Comunicação Social e Turismo da Universidade de Fortaleza.

ÍNDICE

Capítulo 1

TURISMO E SUSTENTABILIDADE

Ângela Maria Rodrigues Ferreira

Apresentação

Apresenta o processo histórico de construção do termo "desenvolvimento sustentável" e sua influência na idéia do turismo sustentável, a discussão das características consideradas necessárias para um modelo de desenvolvimento sustentável do turismo e o requisito da participação dos diversos agentes indutores das mudanças no referido modelo.

Desenvolvimento Sustentável

A preocupação com os problemas ambientais decorrentes dos processos de crescimento e desenvolvimento econômico deu-se lenta e diferenciadamente entre os diversos agentes, indivíduos, governos, organizações internacionais, entidades da sociedade civil, etc. Somente após a Segunda Guerra Mundial, com a percepção de que a Terra poderia vir a ser finalmente destruída pelo próprio ser humano, devido à explosão das bombas atômicas em Hiroshima e Nagasaki, é que se verifica uma preocupação acentuada com o meio ambiente dentro de uma perspectiva global.

Surgiram teses extremadas, sendo que umas apontavam para o esgotamento dos recursos naturais e a incapacidade do progresso técnico-científico de superar esses limites, enquanto outras confiavam na capacidade ilimitada de superação dos problemas de escassez em decorrência dos ajustes tecnológicos. Nesse confronto está a origem da proposta de um novo modelo de desenvolvimento.

Na década de sessenta, diante dos questionamentos formulados pela sociedade acadêmica e civil sobre implicações do modelo de desenvolvimento vigente, um grupo de 30 pesquisadores (cientistas, educadores, economistas, humanistas, industriais e funcionários públicos) reuniu-se na Academia de Lincei, Roma, com o objetivo de "promover o entendimento dos componentes variados, mas interdependentes - econômicos, políticos, naturais e sociais - que formam o sistema global em que vivemos".[4] O encontro destes estudiosos resultou na criação do Clube de Roma, uma organização informal que se preocupa em estudar os dilemas da humanidade. Os trabalhos do Clube, naquela época, resultaram no relatório que ficou conhecido por *Limites do crescimento*, publicado em 1972, do qual se destacam as seguintes conclusões:

1. O crescimento demográfico e principalmente a concentração urbana contribuem para o aumento da produção e consumo, exercendo pressão sobre os recursos naturais;
2. A produção agrícola crescente, para atender às necessidades da população, vem causando a degradação do solo;
3. Os recursos naturais não-renováveis estão sendo consumidos de forma exponencial;
4. A carga de poluentes lançados no meio ambiente vem comprometendo o equilíbrio do ecossistema global.

Diante dos problemas identificados, a proposta do referido grupo foi a de "crescimento zero", considerada inaceitável tanto por países desenvolvidos como pelos países em desenvolvimento, que defendiam o direito de crescer no ponto de vista econômico. Com a polêmica gerada pelos resultados do relatório surgiu a proposta de um novo modelo de desenvolvimento, que recebeu inicialmente a denominação de "ecodesenvolvimento", cujo propósito de promover a simbiose entre a sociedade humana e a natureza foi o centro das discussões da I Conferência sobre Meio Ambiente Humano, realizada em Estocolmo, em 1972. Este encontro teve o mérito de, pela primeira vez promover a discussão, em nível global, da relação entre o modelo de desenvolvimento e o meio ambiente.

Posteriormente, a Comissão Mundial sobre o Meio Ambiente e Desenvolvimento (CMMAD), criada pelas Nações Unidas em 1983 e presidida pela primeira-ministra da Noruega, Gro-Harlem Bruntland, não só consolidou os princípios do novo modelo de desenvolvimento, como agregou o sentido da sustentabilidade, resgatado do documento *World conservation strategy*, produzido em 1980 pela União Internacional para a Conservação da Natureza (IUNC) e World Wide Fund (WWF), que o empregou para se referir à capacidade dos animais e das plantas de se reproduzirem ao longo do tempo.

Conforme proposto no relatório *Nosso futuro comum*, produzido pela referida Comissão, o desenvolvimento para ser sustentável deve "atender as necessidades do presente sem comprometer a possibilidade de as gerações futuras atenderem as suas próprias necessidades",[2] trazendo para reflexão a idéia de planejamento e ação, sempre considerando um prazo mais longo do que o de costume, incorporando um compromisso ético para com as outras gerações. Esta meta, no entanto, só poderá ser alcançada com a obediência dos seguintes princípios:

1. *Eqüidade social:* que significa a disposição para reconhecer igualmente o direito de cada um de se inserir no processo do desenvolvimento;
2. *Eficiência econômica:* que implica na distribuição e gestão dos recursos econômicos e financeiros de forma planejada para garantir o funcionamento eficiente do sistema;
3. *Prudência ecológica:* que significa a adoção de ações que visam aos seguintes pontos:
   a. Racionalizar o consumo de recursos naturais e a geração de resíduos sólidos;
   b. Intensificar as pesquisas e a introdução de tecnologias limpas nas atividades produtivas;
   c. Definir regras que permitam uma adequada proteção ambiental, como é o caso da criação de áreas protegidas e normas legais regulamentadoras do uso dos recursos naturais.

Representando estes princípios por três círculos (Fig. 1.1), a área de interseção dos mesmos resultará em um modelo de desenvolvimento que contempla as três dimensões. A proposta do desenvolvimento sustentável se diferencia do modelo convencional pela incorporação do respeito ao ambiente natural e às gerações presente e futura.

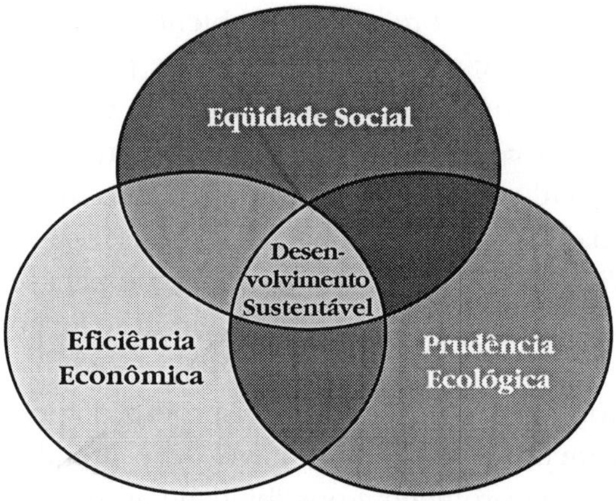

Figura 1.1 – Princípios do desenvolvimento sustentável.

O TURISMO SUSTENTÁVEL

A partir da concepção de desenvolvimento sustentável, o desenvolvimento sustentável do turismo passou a ser considerado como "aquele que atende às necessidades dos turistas atuais, sem comprometer a possibilidade do usufruto dos recursos pelas gerações futuras".[7] Este conceito de turismo sustentável está intimamente ligado à sustentabilidade dos meios natural e cultural, considerados como atrativos básicos do turismo. No entanto, dentro da perspectiva do desenvolvimento sustentável, não podemos dissociá-lo da dimensão econômica e social.

É inquestionável a importância para o turismo de cenários naturais como florestas, rios e lagos de águas límpidas, montanhas e serras com seu ar limpo e puro e a diversidade de animais, que desperta a curiosidade daqueles que não convivem com outras espécies animais. No entanto, o crescimento vertiginoso nos últimos anos do setor de turismo, que tem mostrado benefícios mensurados, através da geração de empregos diretos e indiretos e do crescimento econômico dos núcleos turísticos receptores, disfarça os passivos sócio-ambientais decorrentes desta atividade.

Embora seja considerada por muitos a "indústria sem chaminé", seus impactos negativos podem repercutir tanto quanto o das indústrias convencionais. No caso de ambientes naturais ressalta-se como exemplos:

1. A destruição de espécies animais e vegetais, causada por situações como: aterramento de manguezais ou outros ecossistemas para a construção de hotéis, pousadas ou outros empreendimentos turísticos, destruindo

não só a vegetação como os animais que dependem desta; o pisoteio da vegetação por parte do grande número de visitantes e ainda o comércio ilegal de animais silvestres, muitas vezes estimulado pelo turista irresponsável, que tem contribuído para a redução das nossas espécies silvestres;

2. Uma outra questão é a poluição gerada pela atividade turística. O estímulo a uma maior visitação implica em um maior número de veículos, os quais emitem gases poluentes, comprometendo a qualidade do ar. Esta poluição atmosférica é acompanhada pela poluição sonora causada pelo barulho dos motores e do som dos carros em volume máximo. Adicionalmente, as praias, rios e lagos são poluídos por lixo, óleo de motores de barco ou de *jet-skis*. Tudo em completo desrespeito à capacidade de carga dos atrativos naturais;
3. Além do impacto ao meio físico, existe a aculturação da população nativa, que se deixa influenciar por novos costumes e valores, e substitui as atividades tradicionais (pesca, artesanato e agricultura) pelo trabalho no setor turístico, geralmente em funções mal remuneradas, devido à sua baixa escolaridade; descaracterização do artesanato, que passa a incorporar gostos dos visitantes; e alterações nos valores morais, através do estímulo à prostituição, ao uso de drogas e até mesmo mudanças no modo de falar e vestir.

É importante lembrar que os ambientes urbanos ou cidades também têm o seu papel no equilíbrio ecológico e eles dão suporte aos ambientes naturais. Nestes casos, o que se vê é o comprometimento da infra-estrutura local com o aumento de lançamento de esgotos e lixo a céu aberto e ainda a escassez de água no período de alta estação turística. Além disso, construções inadequadas também têm sua participação na degradação da paisagem do local.

Do ponto de vista econômico, a comunidade nativa vende seus imóveis para os turistas ou empresários do turismo e seus produtos tradicionais são menosprezados por estes, que preferem suprir suas necessidades com produtos de outras fontes. O aumento nos preços dos produtos de primeira necessidade pelos comerciantes é, dentre outras coisas, o que dificulta a sobrevivência das comunidades locais, deteriorando sua qualidade de vida.

Preocupados em reduzir estes impactos negativos e estabelecer claramente as características específicas para o desenvolvimento sustentável do turismo, harmonizando seus aspectos econômicos, sociais e ecológicos, os membros da Association Internationale d'Experts Scientifique du Tourisme (AIEST), em seu congresso anual de 1991, *apud* Ruschmann,[7] apontaram quatro características que devem ser perseguidas:

1. Respeito ao meio ambiente natural, onde o turismo não pode colocar em risco ou agredir irreversivelmente as regiões nas quais se desenvolve;
2. Harmonia entre a cultura e os espaços sociais da comunidade receptora, sem agredi-la ou transformá-la;
3. Distribuição eqüitativa dos benefícios econômicos do turismo entre a comunidade receptora e os empresários do setor;
4. Formação de um turista mais responsável e atencioso, receptivo às questões da conservação ambiental e sensível às interações com as comunidades receptoras.

Apesar de se revelarem apropriadas para reduzir os impactos negativos gerados pelo turismo que vem sendo praticado, a implementação destas características apontadas requer uma mudança na educação para o turismo. Resumidamente, são sugestões para esta mudança:

1. Respeito à escala compatível com a capacidade do local. No debate sobre o tipo de turismo que pode ser considerado mais sustentável, alguns analistas defendem que o turismo de massa, que privilegia a grande escala como grandes grupos de turistas é menos sustentável que o turismo praticado por pequenos grupos. Outros afirmam, como Gunn, *apud* Mendonça *et al.*,[5] que a questão não se limita ao número de turistas, mas à falta de políticas, planos e ações de controle para a atividade. No entanto, a pequena escala permite uma melhor percepção do local, melhor condição de controle e, conseqüentemente, mais qualidade. A escala a ser adotada é uma questão que pode e deve ser definida pela comunidade local;
2. Maior controle sobre a poluição e degradação da paisagem com a aplicação das leis. Neste ponto o fortalecimento da estrutura institucional de fiscalização e controle, assim como o engajamento da população na implementação das ações, poderá fazer a diferença nos impactos da atividade sobre a localidade;
3. Integração da comunidade local e concessão de oportunidades de participação na atividade turística. Enquanto o discurso vigente apregoa o benefício da geração de emprego e renda pela atividade para a popula-

ção local, promove oportunidades de uma maior qualificação profissional, além de criar mecanismos de apoio à inserção da comunidade em nível empresarial e não apenas em funções subalternas;

4. Respeito e valorização da cultura, potencializando o trabalho de educação da comunidade local, no que diz respeito ao reconhecimento de sua identidade cultural;
5. Planejamento do turismo como atividade complementar àquelas já existentes na localidade, disseminando o entendimento de que a renda gerada pelo turismo reforça as atividades tradicionais;
6. Promoção de educação para a comunidade local e para o turista, de forma a torná-los mais sensíveis e interessados no patrimônio natural e cultural local.

Dentro da ótica do turismo sustentável, o ecoturismo vem sendo apontado como modalidade adequada a este conceito. De acordo com Ceballos-Lascuráin, *apud* Lindberg,[3] o ecoturismo é "a viagem para áreas naturais com o objetivo de estudar e admirar o cenário, a flora, a fauna e as manifestações culturais do passado e presente". Posteriormente, o mesmo especialista acrescentou ao conceito a perspectiva de desenvolvimento econômico ao mencionar que o ecoturismo "(...) é um meio prático e efetivo de atrair melhorias sociais e econômicas (...)", *apud* Pires.[6] Surgido inicialmente com a denominação de "turismo verde", conforme ressaltado por Crosby, *ibid*, o ecoturismo também é identificado como turismo ecológico, embora não se verifique nenhuma divergência conceitual entre os termos. Apenas, para alguns como Healy, *ibid*, o ecoturismo se desenvolve "(...) junto a parques e reservas do mundo inteiro (...)", enquanto fora destas áreas a mesma prática é reconhecida como turismo ecológico.

Independentemente da terminologia adotada é preciso deixar claro que simplesmente "andar no mato" não pode ser enquadrado como ecoturismo. Existem certas características que devem ser observadas por ocasião do enquadramento desta modalidade, quais sejam:

1. A qualidade ambiental da área destinada à prática do ecoturismo é de fundamental importância. Por esta razão, defende-se a idéia de que sua prática se dá em áreas protegidas, as quais, de acordo com a legislação ambiental brasileira,[1] são chamadas de Unidades de Conservação. Foram instituídas duas categorias de Unidades, as de Proteção Integral e as de Uso Sustentável. Na primeira categoria temos as Estações Ecológi-

cas, Reservas Biológicas, Parques Nacionais, Monumentos Naturais e Refúgios da Vida Silvestre, enquanto na segunda temos as Áreas de Proteção Ambiental (APA's), Áreas de Relevante Interesse Ecológico, Floresta Nacional, Reservas Extrativistas, Reservas da Fauna, Reservas de Desenvolvimento Sustentável e Reservas Particulares do Patrimônio Natural (RPPN's). Estas áreas tanto podem ser de domínio público como privado e os objetivos são restringir atividades danosas ao ambiente e gerenciá-las de forma responsável. Isto significa dizer que deve ser definida a quantidade de pessoas que podem ter acesso às áreas, com base no que é chamado de capacidade de suporte; realizar completo controle do lixo e tratamento de esgotos e um monitoramento permanente para evitar degradação;

2. A educação ambiental deve fazer parte da vida de todos que estão ligados ao ecoturismo; tanto os guias como os funcionários e gestores das áreas propícias a esta modalidade de turismo devem possuir capacitação em ecologia, a fim de que possam sempre contribuir na compreensão e interpretação das leis da natureza, para que se possa estimular a sua conservação. A prática da interpretação ambiental se insere obrigatoriamente nas atividades desenvolvidas. De acordo com Ceballos-Lascurain, *apud* Pires,[6] "(...) o turismo ecológico ou ecoturismo supõe abordagens científicas, estéticas e filosóficas, embora o turista não precise ser um profissional cientista, artista ou filósofo (...)". Esta qualificação também é importante para a formação do turista que pretende ingressar no ecoturismo. Com orientações especializadas, o turista que costuma freqüentar ambientes naturais não vai retirar nada da natureza nem degradá-la, já que estará sendo orientado para assim não proceder. Comportar-se-á, enfim, como um turista responsável;
3. A harmonia com a paisagem do local também é um elemento importante. A arquitetura a ser adotada nestes ambientes deverá apresentar uma interação com as características locais. Assim, a utilização de materiais como madeira, palha e outros recursos naturais darão à estrutura física um aspecto harmonioso, assim como os equipamentos a serem utilizados devem adotar tecnologias de menor impacto.

O conjunto destas características poderá enquadrar a atividade turística desenvolvida como ecoturismo. Embora apontada como modelo de turismo sustentável, esta afirmação é amparada em pontos de vista pessoais e ainda não há evidências de que o ecoturismo é mais compatível com o conceito de turismo sustentável. Reconhece-se que esta discussão enriquece o entendimento da questão, mas o importante é pensar em transformar todas as modalidades de turismo em sustentáveis, ou pelo menos mais sustentáveis.

Adicionalmente, pode-se dizer que a questão do desenvolvimento sustentável do turismo passa pela gestão ambiental integrada com a gestão do desenvolvimento econômico e social das áreas de maior potencial turístico. Neste contexto, insere-se o espaço municipal como um dos grandes responsáveis pela implementação das mudanças no modelo do turismo. Há consenso de que um dos pré-requisitos para a melhor implementação do turismo sustentável é o envolvimento das comunidades locais.

Gestão Participativa

Experiências registradas em várias partes do mundo mostram que a gestão participativa tem contribuído para a sustentabilidade da atividade turística. Conforme Sant'anna *et al.*,[8] a idéia da gestão participativa não é nova, os gregos já a conceberam na Antigüidade, mas ela só se torna realidade quando as pessoas resolvem tomar nas mãos o seu destino e descobrem que são responsáveis pela construção da sociedade, através da sua vontade e das suas escolhas. A junção de micro-estratégias, a articulação/mobilização dos agentes envolvidos e comprometidos com o lema "agir localmente e pensar globalmente", é crucial na definição do tipo de desenvolvimento do turismo. A decisão da sustentabilidade do turismo encontra-se nas mãos de cada um.

Para entender melhor sobre o que é chamado de gestão participativa, é necessário, primeiramente, identificar os agentes deste processo. Em toda comunidade existem os líderes formais (prefeito, vereadores, representante da Igreja, professores, juízes, etc.) e os líderes informais, que são aquelas pessoas que exercem influência sobre a opinião da comunidade. Estes líderes informais sabem tudo sobre a comunidade e, geralmente, são consultados sobre algumas questões ou problemas específicos.

A união dos líderes informais de cada segmento da comunidade (pescadores, artesãos, empresários, residentes, etc.) com os líderes formais resulta numa organização na qual toda a comunidade está representada (Fig. 1.2). Também é importante envolver neste trabalho aquelas pessoas que, embora ainda não sejam líderes, possuem capacidade de vir a ser. Este grupo é que deverá formar um plenário onde será discutido todo o processo de implementação do modelo de turismo escolhido.

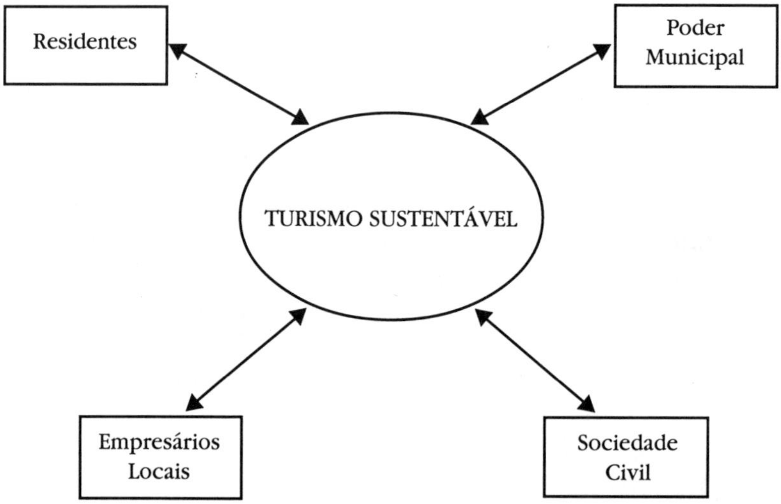

Figura 1.2 – Agentes indutores do modelo de desenvolvimento do turismo local.

No caso específico dos líderes informais, estes devem conhecer muito claramente as suas atribuições no exercício da função, já que os líderes formais já possuem as suas definidas por normativos legais. O trabalho do líder informal deve se pautar nas seguintes diretrizes:

1. Garantir a participação efetiva do segmento que está representando em todo o processo da gestão participativa; isto significa que ele deve ouvir a comunidade na identificação dos problemas específicos, nas sugestões, estimular a participação na solução dos problemas, assim como no acompanhamento das atividades turísticas do local;
2. Buscar a união entre os benefícios do turismo e a conservação do meio-ambiente, planejando, junto com o segmento que representa, identificar atividades que possam contribuir para a conservação da natureza ou aplicar nas atividades poluidoras medidas para reduzir os impactos ao ambiente. Neste caso, deve ser feito um trabalho de conscientização prévia sobre as questões ambientais;
3. Planejar, junto com o segmento que representa, como será a distribuição dos lucros das atividades turísticas, procurando mostrar que o maior envolvimento de pessoas garante uma participação equilibrada de todos. Para isto o trabalho em grupo (associações, cooperativas, etc.) é um bom exemplo;

4. Monitorar e avaliar, juntamente com o segmento que representa, o processo de implementação das ações definidas no planejamento, com o objetivo de identificar as dificuldades e obstáculos para o sucesso do turismo sustentável local. Esta ação visa à definição dos ajustes necessários.
5. Adotar uma postura de agente de mudanças, buscando influenciar a comunidade a introduzir atividades sustentáveis e adotar comportamento responsável em relação ao meio ambiente;
6. Buscar parcerias entre os segmentos da comunidade local ou fora dela para realizar a implementação do turismo sustentável.

O trabalho do agente de mudanças é desafiador, no entanto, reconfortante para todos aqueles que desejam participar da construção de uma transformação positiva da sociedade moderna.

Os princípios do desenvolvimento sustentável estabelecidos pela CMMAD passaram a ter grande destaque no planejamento das mais diversas atividades, dentre elas o turismo. No caso do desenvolvimento sustentável do turismo, a questão da gestão ambiental concebida como algo associado e relacionado com a gestão do desenvolvimento econômico e social e, principalmente, com a participação efetiva da sociedade como um todo, revela-se um verdadeiro desafio, uma vez que implica uma revitalização de idéias fortemente enraizadas.

Posições enraizadas, como considerar que determinados assuntos não lhes dizem respeito, merecem uma reflexão das comunidades que pretendem desenvolver um modelo de turismo sustentável. Diante do novo entendimento de que o mundo é um sistema formado por várias partes que interagem entre si e que há riscos de perdas dos recursos naturais, não é possível continuarmos omissos na solução dos problemas e na prevenção de situações indesejáveis. Assim, na decisão de autorizar a instalação de uma indústria poluidora em sua localidade ou punir um bar ou restaurante que causa impactos ao ambiente, na forma de geração de resíduos e poluição sonora, a participação de cada um pode implicar na melhoria ou degradação do local.

Um outro ponto para reflexão é procurar aproveitar o crescimento da consciência ecológica para novas oportunidades de mercado, seja através de capacitação para exercício de novas atividades, como guias ecológicos, instrutores de educação ambiental, ou desenvolvendo produtos de natureza ecológica, que já mostra uma grande demanda. Com a diversidade de recursos naturais disponíveis e renováveis de que dispomos só precisamos usar melhor a criatividade.

A busca da sustentabilidade defendida por aqueles que criaram a idéia do desenvolvimento sustentável não é apenas um apelo de natureza filosófica, mas, principalmente, garante a vida em todas as suas formas. Apesar dos desafios da aplicação da idéia, seja em nível mundial ou local, é certo que somente uma ação conjunta de governo e sociedade poderá mudar este quadro. A busca de um modelo de turismo sustentável oferece assim a oportunidade de solução para problemas outros que resultará no fortalecimento do cidadão e na melhoria da qualidade de vida de todos.

Referências Bibliográficas

1. BRASIL. Lei nº 9.985, de 18 de julho de 2000. Regulamenta o art. 225, § 1º, incisos I, II, III e VII da Constituição Federal, institui o Sistema Nacional de Unidades de Conservação da Natureza e dá outras providências. D.O.U de 19.07.2000.
2. CMMAD - Comissão Mundial sobre o Meio Ambiente e Desenvolvimento. *Nosso futuro comum*. 2ª ed. Rio de Janeiro: FGV, 1991.
3. LINDBERG, K.; HAWKINS, D. *Ecoturismo*: um guia para planejamento e gestão. Tradução de Leila Cristina de M. Darin. São Paulo: SENAC, 1995.
4. MEADOWS, D. H. *et al. Limites do crescimento*. São Paulo: Perspectiva, 1972. (Coleção Debates)
5. MENDONÇA, E. *et al. Turismo e desenvolvimento sócio-econômico*: o caso da Costa do Descobrimento Bahia. Salvador: Omar G., 2000.
6. PIRES, P. dos S. A dimensão conceitual do ecoturismo. *Turismo:* visão e ação. Vale do Itajaí, Santa Catarina: UNIVALI, v.1, n.1, p. 75-91, jan/jun. 1998.
7. RUSCHMANN, D. van de M. *Turismo e planejamento sustentável*: a proteção do meio ambiente. Campinas: Papirus, 1997. (Coleção Turismo)
8. SANT'ANNA, D. G.; OLIVEIRA, M.T. C. S.; BERENSTEIN, S. G. *Gestão participativa para um turismo sustentável*. Salvador: Secretaria da Cultura e Turismo, 2001. (Coleção Selo Turismo)

Capítulo **2**

CIDADANIA, PARTICIPAÇÃO E ORGANIZAÇÃO COMUNITÁRIA

SIMONE OLIVEIRA LIMA

CIDADANIA EM CONSTRUÇÃO

Cidadania é uma palavra que, na atualidade, já se incorporou ao vocabulário cotidiano. Derivada de cidadão, segundo o dicionário *Aurélio*,[3] "ser cidadão é ter e exercer a cidadania; gozar dos direitos civis e políticos; cumprir os deveres que temos para com o Estado e a comunidade."

A cidadania é algo muito mais amplo, não é apenas o reconhecimento dos direitos ou das obrigações, "é a afirmação de valores éticos, como a igualdade, a liberdade, a dignidade, a proteção legal dos direitos, o direito ao trabalho, a democracia e a justiça".[4]

Cidadania "é a qualidade social de uma sociedade organizada sob a forma de direitos e deveres majoritariamente reconhecidos. Trata-se de uma das conquistas mais importantes na história. No âmbito dos direitos, diz respeito aos direitos humanos. No âmbito dos deveres aparece, sobretudo, o compromisso comunitário de cooperação e co-responsabilidade. Cidadania pressupõe o estado de direito, que parte (...) da igualdade de todos perante a lei e do reconhecimento de que a pessoa humana e a sociedade são detentoras inalienáveis de direitos e deveres. Processos participativos acentuam a cidadania organizada. A organização traduz um aspecto importante da competência democrática, por coerência participativa, por mobilização e influência. O cidadão consciente sabe que vive dentro de um conflito de interesses, marcados pela provisoriedade do devir. Do lado dominante, investe-se tudo para inculcar a idéia de que a ordem vigente é legítima e (...) intocável. Do lado dos desiguais a cidadania é fundamental pela tomada de consciência das injustiças, da descoberta dos direitos, e das tentativas de mudança dos rumos da história, realizado através da participação".[1] Podemos afirmar, então, que cidadão é o homem participante.

A participação, enquanto recurso de organização da sociedade, pode ser orientada para a ação política e social coletiva. É elemento dinamizador frente a novas formas de crescimento e desenvolvimento econômico, nos processos de democratização dos governos de diversos países, na construção da cidadania, no movimento de grupos da chamada sociedade civil e dos organismos internacionais.

Nos últimos anos, acompanhamos, em todo o mundo, a mobilização de homens e mulheres em torno da defesa dos direitos básicos dos cidadãos, ou seja, na busca de soluções para os problemas das pessoas que estão próximas, quer sejam o indigente, os despossuídos, ou os da comunidade em que vivem. Observamos também a organização de diversos grupos na defesa da cidadania. A idéia passa pelo enfrentamento de questões comuns, da resolução de questões de forma cooperativa e solidária. Estes valores, praticados no âmbito das relações familiares e nos grupos de amigos, quando praticados pela comunidade ganham um sentido mais amplo.

Os esforços organizados dos cidadãos para conquistar seus direitos básicos como saúde, educação, moradia, transporte, habitação, etc., ou para fazer parte das decisões públicas, através de leis ou políticas, podem ser observados através de diversos mecanismos, entre eles: a incidência direta sobre legisladores ou tomadores de decisão de instituições governamentais; a pressão realizada através de campanhas de mobilização social; a formação de alianças com partidos políticos ou parlamentares para a conquista de questões específicas; a participação em conselhos populares, como os conselhos estaduais ou municipais e etc., definindo-se, portanto, estratégias para a resolução de assuntos de interesse público, de conflitos coletivos. Neste sentido, a participação poder ser compreendida como instrumento norteador destas estratégias, como um fenômeno de ação coletiva que, na sua efetividade, provoca integração social, e é também uma forma de diálogo entre os habitantes de uma comunidade e seu governo.

Existem várias formas de participação que podem se referir tanto à ação de organizações cooperativas, sindicatos, organismos civis, órgãos de assistência comunitária, partidos políticos, consulta e colaboração nas instâncias governamentais, associações de moradores, institutos, grupos de voluntários, assim como à organização do trabalho comunitário e à tomada de decisões sobre assuntos públicos.A crescente participação da sociedade civil organizada, quer seja em territórios locais ou em espaços mais amplos, quer seja através de grupos de pessoas em geral, ou de associações de bairros, sindicatos, grupos de mulheres, etc., traz à luz diversos temas de interesse coletivos com vistas a concretizar propostas definidas, ou seja, obter respostas para os problemas que pretendem solucionar. São instituições que tecem a trama da participação do cidadão e têm sua referência nos espaços da sociedade civil.

A crescente participação da sociedade civil e a importância que tem adquirido, o envolvimento de suas entidades na promoção de um desenvolvimento social mais justo, garantem, por sua vez, o direito à responsabilidade e co-participação dos cidadãos, à valorização da participação social, à descentralização administrativa, gerando um diálogo (equilíbrio) entre o Estado e a sociedade civil.

A mobilização dos cidadãos na construção de uma vida social mais justa e a formação das diversas e diferenciadas organizações da sociedade civil, no Brasil, têm uma história que precisa ser relembrada, pois este processo também pode narrar a história do País.A história do movimento social no Brasil é também a história da construção da cidadania.

Movimentos Sociais no Brasil

Os anos 70 marcaram o início de uma nova etapa dos movimentos sociais no Brasil. Definidos como canais de reivindicação social e de enfrentamento político frente à ditadura militar implantada em 1964, os movimentos sociais foram buscar canais alternativos para fazer valer a voz de diversos setores excluídos do desenvolvimento econômico e da participação política. São originados, neste período, as associações de moradores, os novos sindicatos e as comunidades eclesiais de base (CEBs), ligadas à Igreja Católica.

Estas organizações desenvolviam ações como a ocupação de terrenos, a promoção de mutirões, o apoio à criação de creches para crianças da comunidade, dentre outras. Eram ações realizadas em pequenas escalas, mas com o sentido da busca de soluções para os problemas da comunidade. Assim, a palavra "comunidade" ganhou força, e os movimentos sociais deste período fortaleceram a busca pelos direitos da comunidade.

Neste período, multiplicam-se as associações de moradores, entidades de natureza civil, com normas legais e igualitárias, com diretorias eleitas e rotativas, com o interesse em cuidar do bairro, da comunidade. Fortalecendo-se a idéia de que se poderiam efetuar transformações a partir da comunidade, assim, o trabalho das diversas entidades refletiam, em geral, os problemas da comunidade, que se transformaram em grandes reivindicações populares. As organizações associativas, como as associações dos moradores, ganham visibilidade na cena pública. Os problemas das grandes cidades afloraram, em decorrência do processo de urbanização e de crescimento da população nas cidades. Assim, invasões, ocupações de terras, remoções de favelas, despejo de moradores, entre outros problemas, afloram na cena social e põem em evidência a responsabilidade do Estado na resolução dos problemas sociais acirrados com as desigualdades sociais.

No final dos anos 70, o Regime Militar passa por uma crise de legitimidade, desencadeada, entre outros fatores, pelas crescentes reivindicações populares e pelo empobrecimento de camadas sociais. O Estado enseja relacionar-se com os diversos setores sociais e a abrir uma caixa de diálogo com a população, ou seja, passa a consultar suas associações, através das associações de moradores, para o atendimento de algumas demandas sociais.

Nos anos 80, iniciava-se numa conjuntura marcada pela crise e recessão econômica e um clima de maior liberdade de expressão e de organização política, o que significou um acirramento nos problemas sociais e uma abertura para o fortalecimento das organizações da sociedade civil. Neste período, o movimento social solidifica-se internamente e institucionaliza-se com a criação de estatutos, construção de sedes, a conscientização, mobilização e formação política dos participantes, além da mobilização para ações coletivas. Foi um momento de mudança na forma e na qualidade de atuação. Observa-se o fortalecimento de movimentos associativos como os sindicatos e categorias de funcionários públicos. Assistimos a uma redefinição dos movimentos sociais, quando instituições se transformaram e novas surgiram no cenário. Surgem novas entidades nas periferias das cidades e no âmbito das camadas médias, uma série de manifestações públicas e abrem-se espaços para a participação de uma variedade de atores sociais: mulheres, índios, negros, homossexuais, etc. Observa-se a transformação de pequenas organizações em organizações mais abrangentes, impulsionadas pela necessidade de se somar forças; assim, movimentos de bairros geraram as associações de moradores e são consolidadas as federações e os conselhos populares municipais.

No início da década de 1990, os movimentos que se organizavam para combater o estado autoritário e ausente de políticas sociais passam a aceitar a idéia de dialogar com ele. Assim, o Estado, através dos diversos governos estaduais, das prefeituras, secretarias, etc., passa a reconhecer as instituições do movimento social como interlocutores, mostrando-se sensível às reivindicações e lutas do movimento social. Os movimentos sociais forçam o caminho para a interferência nas políticas públicas, como: a elaboração do orçamento municipal, a definição do preço das passagens de transportes coletivos, etc.

Algumas reivindicações dos movimentos sociais foram incorporadas à Constituição Brasileira, em algumas Constituições Estaduais e nas Leis Orgânicas dos Municípios: a criação de conselhos populares, as adoções do referendo e da tribuna livre são exemplos destas conquistas que favorecem e fortalecem a participação popular direta. E, por outro lado, é o Estado reconhecendo e legitimando a representatividade das organizações sociais.

Na atualidade, a demanda por bens públicos vem crescendo consideravelmente. Os problemas sociais aumentaram e cada vez mais o povo necessita de espaço para morar, infra-estrutura, transporte, boa qualidade do ar, segurança, etc. Crescem também as diversas formas de atuação das organizações sociais.

Atualmente, as organizações sociais (ou as organizações da sociedade civil ou organizações não-governamentais), buscando eficácia na solução de problemas concretos, formam parcerias com órgãos públicos municipais, estaduais e federais, empresas, organizações não-governamentais e outras instituições, nos planos local, nacional e internacional. Criam-se novos canais que potencializam as práticas da apresentação de propostas, da contribuição para a formulação e execução de projetos e programas de interferência para que as políticas públicas sejam direcionadas em conformidade com as necessidades e os anseios da população, na perspectiva da participação cidadã.

A mobilização dos cidadãos é multidimensional. Organizações da sociedade civil estão presentes em todas as partes, que vão desde a execução de pequenos projetos, como o desenvolvimento de um projeto para a redução de incidência das doenças sexualmente transmissíveis (DSTs) entre jovens em situação de risco social, até as ações mais globais, como as ações da Anistia Internacional, do grupo ecologista Greenpeace e de profissionais de saúde dos Médicos Sem Fronteiras. Cada instituição define sua estratégia de ação a partir de seus objetivos concretos. A preocupação com a saúde reprodutiva dos jovens pode ser uma tarefa de pessoas da comunidade, de uma cidade. A preocupação com o meio ambiente e a sua preservação interessa a todos. É a qualidade de vida de gerações futuras que está em jogo.

A multiplicação de iniciativas que vêm sendo empreendidas no sentido da construção de uma justiça social pelos cidadãos e suas organizações demonstram que pessoas comuns, em sua interação cotidiana com os indivíduos na comunidade e na sociedade, são capazes de formular critérios de julgamento e desenvolver modelos de condutas ditados não pelo mero interesse pessoal, mas pelo coletivo, pelos interesses da comunidade. A participação do cidadão, no Brasil, passa pela construção da democratização da sociedade e pela abertura de espaços e pela construção da cidadania.

A Atuação das ONGs

Originárias no movimento social dos anos 70-80, as denominadas organizações não-governamentais (ONGs) são sociedades civis sem fins lucrativos, que se estabelecem e se consolidam em função de suas relações com as bases - os setores populares, e com a cúpula -, as agências de financiamentos, instituições governamentais e iniciativa privada, formando um campo de instituições que se dependem mutuamente, constituindo o chamado Terceiro Setor.

A multiplicação das ONGs constitui um fortalecimento do processo de auto-estruturação da sociedade civil no contexto da luta pelo restabelecimento do Estado de direito e a emergência de um tipo de organização marcada pelas entidades sem fins-lucrativos, de solidariedade social.

Ao enfatizar o envolvimento direto da população no enfrentamento dos problemas e carências que afetam a vida cotidiana e ao enfatizar a reivindicação de direitos pelos mais diversos grupos sociais, as ações das ONGs dispersam-se por um sem-número de temáticas, lugares e circunstâncias. Assim, antecipam a agenda de novos movimentos populares, bem como a explosão de demandas e conflitos de interesse que caracterizam o Brasil enquanto sociedade democrática de massas nos anos 80 e 90. Ao promover a mobilização de recursos, competências e poderes no âmbito de bases da estrutura política e social, as ONGs também antecipam a idéia de que em sociedades complexas, democracia, cidadania e processos de mudança social se estruturam a partir de uma multiplicidade de espaços, temas, práticas sociais e não mais em função do Estado. As ONGs convertem-se em atores centrais de desenvolvimento e incluem-se na definição de políticas para o desenvolvimento social com participação. As ONGs no Brasil são responsáveis, diretamente por um novo tipo de organização e mobilização social com os setores populares.

Na contemporaneidade, as ONGs valorizam as experiências concretas e as dinâmicas locais, o envolvimento direto da população no enfrentamento dos problemas e carências que afetam o cotidiano.

Referências Bibliográficas

1. DEMO, P. *Participação é conquista:* noções de política social participativa. São Paulo: Cortez, 1998.
2. FERNANDES, R. C. *Público, porém privado*: o terceiro setor na América Latina. Rio de Janeiro: Relume-Dumará, 1994.
3. FERREIRA, A. B. de H. Cidadania. In: *Novo Aurélio Século XXI:* o dicionário da Língua Portuguesa. 3ª ed. rev. amp. Rio de Janeiro: Nova Fronteira, 1999.
4. HERKHENHOFF, J. B. *A Cidadania.* Manaus: Editora Valer, 2000.
5. SANTOS, B. de S. *Pela mão de Alice*: o social e o político na pós-modernidade. São Paulo: Cortez, 1999.

Capítulo **3**

PARTICIPAÇÃO: SEJAMOS CAPAZES DE IMAGINÁ-LA E VIVÊ-LA

VERA SYLVIA DE MATOS DOURADO MAMEDE

"A vocês, sonhadores com menos de 40 anos, corresponde a tarefa histórica de reparar essas enormes distorções. Lembrem-se de que as coisas deste mundo, dos transplantes de coração aos quartetos de Beethoven, estiveram na mente de seus criadores antes de estar na realidade da vida. Não espere nada do século XXI, pois é o século XXI que espera tudo de vocês. É um século que não chega pronto de fábrica, mas sim pronto para ser forjado por vocês à nossa imagem e semelhança. Ele só será glorioso e nosso à medida que vocês sejam capazes de imaginá-lo".

GABRIEL GARCIA MARQUES

PARTICIPAÇÃO: O QUE É?

Os últimos anos produziram tantas mudanças no mundo e no estado de consciência da humanidade que obrigaram os analistas, na esfera intelectual, e as populações, na esfera do vivido, a repensar clássicas categorias de interpretação e rearranjos de convivência no e do processo social e histórico e a criar outras novas. Dentre as muitas que foram revisitadas encontramos: cidadania, sociedade civil, globalização e a participação. Categorias que sempre vêm à tona em todos os naufrágios sociais. Percebem-se, mesmo que de maneira não muito clara, inquietações e resistências - algo que teima em se descobrir sob a desordem dos novos sentidos das coisas. Delineiam-se novas tarefas, revelando que às contingências do futuro corresponde, ainda, a experiência do pensamento e da ação, isto é, a liberdade do homem.[9]

É inegável o interesse que a participação desperta, uma vez que sempre vem associado ao catalisador maior do princípio democrático, da transparência e ação do cidadão. E por tanto tem sido, sem dúvida, uma das grandes panacéias desta era.

A participação é uma categoria usada constantemente em diferentes contextos da sociedade contemporânea e empregada nas mais diversas acepções. Porém em todos eles, está carregada de alto componente político. Seja quando se coloca como trilha da cidadania, no resgate dos direitos políticos, na efetivação das políticas sociais, seja para indicar a apatia da população no exercício de seus direitos, na indicação da distância entre governantes e governados, num mal-estar que Santos[5] denomina "patologia da participação e patologia da representação". Em algumas cenas da vida social é incentivada e, em outras, é vetada.

Diante das caleidoscópicas acepções uma pergunta parece se impor: o que é ou o que entendemos por participação?

> *"Qualquer idéia que te agrade,*
> *Por isso mesmo... é tua.*
> *O autor nada mais fez que vestir a verdade*
> *Que dentro em ti se achava inteiramente nua ..."*
>
> *Mário Quintana*

Procuraremos desenvolver o conceito de participação utilizando as idéias de alguns autores que vestiram o que estava em nós inteiramente nu...

O conceito de participação foi usado pela primeira vez na década de 60, como atributo de processos decisórios ou *advocacy planning*. A participação foi entendida, então, como elo que uniria a esfera do indivíduo com a esfera da sociedade; a idéia de participação foi assumida como a força que abria novas formas de interação, ainda difusas, entre a sociedade. A descentralização, ao mesmo tempo, foi sendo a ferramenta que agilizaria "a participação de baixo para cima" (Ludovici, *apud* Sayago).[6]

As ciências sociais marcam seus discursos e reflexões a partir do conceito de participação como o "grau de integração do indivíduo em um grupo, sociedade ou instituição, expresso na intensidade, categoria e natureza dos contatos que mantém com os demais", o que pressupõe "alto nível de conscientização social e política".[3]

A idéia e a "necessidade" da participação, a participação como tema privilegiado nas ciências sociais, e na sociologia, em particular, no Brasil e em toda a América Latina, alcançou o apogeu a partir do desenvolvimento da teoria da marginalidade. Assim, a linha divisória entre os "marginalizados" e os "incorporados" seria a falta de participação. Estudos envolvendo principalmente os movimentos sociais urbanos que inauguram a noção de espoliação urbana são introduzidas com vigor no vocabulário da sociologia brasileira no final dos anos 70. À época, o Brasil vivia o chamado "milagre econômico", mas era também o país da acumulação e da miséria - e, em todo o decênio seguinte, as lutas populares tornam-se um dos temas seminais privilegiados pelas ciências sociais.[2]

Dessa forma, a participação é vista como alternativa de ação que visa, por um lado, acabar com "todos os males da população marginalizada" e, por outro, para alguns autores como Velazquez *apud* Sayago[6], converte-se em mecanismo de integração funcional à ordem vigente.

A antropologia também tem contribuído com pesquisas e debates. Nesse sentido, estudos realizados entre comunidades primitivas, como os desenvolvidos por Lévy Bruhl, em 1949, afirmam que, para a mentalidade primitiva, "ser é participar (...)", o indivíduo na comunidade primitiva não adere ao grupo por uma escolha, mas prolonga sua individualidade na comunidade, vive existencialmente na família, na linguagem, na tribo. É maior, portanto, do que uma simples solidariedade social, é uma coexistência.[3]

A necessidade do resgate de conceitos como solidariedade, cooperação, paixão emotividade, experiência parece agora ser recuperada nos estudos sobre participação, reiniciados nos anos 90 em face do cenário global: "O espaço local 'desencaixado' aproxima o que é distante e afasta o que é próximo, isto é, o local é influenciado pelo global ao mesmo tempo que o influencia (...) o processo de globalização teria um impacto diferenciador que poderia levar à valorização das identidades particulares da comunidade à nação. A diferenciação nacional, isto é, a diversidade cultural entre nações, seria a outra face da constituição de uma sociedade mundial (...) a dinâmica das mutações culturais e econômicas interromperia a predominância de universalismos disciplinadores e intolerantes (...) a globalização padronizadora que tende a colonizar nosso próprio mundo interno e a uniformizar os sonhos coletivos."[9]

Ao incorporar à palavra participação o conceito de experiência, tomando de empréstimo as proposições de Thompson,[8] no sentido de que os grupos sociais vivenciam uma exclusão e sobre esta vivência produzem um discurso e uma ação de caráter coletivo, a palavra participação hoje engloba boa parte das situações experimentadas no cotidiano da vida social, mostra mudança de coloração teórica que, ao se desamarrar sem se desprender das âncoras estruturais, passa a enfatizar a problemática da subjetividade social.[2]

Hoje, o tema participação está inserido nos debates internacionais, sendo proposto dentro dos padrões de universalização capazes de dar legitimidade aos atores sociais neles envolvidos. É importante alertar para a diferença que Sayago[6] fez entre a expressão cunhada pelo autor, "participacionismo" - processo burocrático da participação construído e vendido pelos tecnocratas da globalização -, e a participação como instrumento de acesso à cidadania.

> *"Não quero que me dêem uma mão.*
> *Quero que tirem as mãos de cima de mim."*
>
> SABEDORIA DE UMA ÍNDIA MAPUCHE

Assim, a participação deve ser buscada e incentivada como o veículo que permitirá à comunidade alcançar o pleno exercício da cidadania. O princípio democrático da participação passa a ser um imperativo sobre as estruturas de decisão do país e do local.

Assistimos, então, ao resgate de uma categoria não muito nova, que se constitui na resposta ou alternativa à possibilidade de exercitar a cidadania de maneira menos utópica.

> *"Sonhar é acordar-se para dentro".*
>
> MÁRIO QUINTANA

Sonho e paixão são e estão presentes nesse novo caminhar. Acordemos, pois a participação é uma obrigação política baseada num "contrato social" na mais legítima tradição rosseauniana.

A falta de compromisso com a comunidade da qual se faz parte e a não integração nas mudanças que acontecem ou venham a acontecer nela são o reflexo da apatia de um povo que pensa o Estado como pai distante, cuidando de todos os problemas.

Diagnostica-se com certa freqüência, não obstante o "reboliço" por que passamos, uma "falta" de participação da sociedade civil, e buscam-se novas saídas.

Para Tocqueville, *apud* Sayago[6], o papel do Estado é governar, mas não administrar, e isso só acontece e só é possível quando o povo é esclarecido, vigilante sobre seus interesses e acostumados a pensar neles. Despertar no povo sentimentos de pertença não é tarefa fácil, não se consegue copiando uma receita. E afirma com propriedade: "O meio mais poderoso, e talvez único que nos resta, de interessar aos homens pela sorte de sua pátria seja fazê-los participar de seu governo. Em nossos dias, o espírito da cidadania me parece inseparável do exercício dos direitos políticos."

> *"Tudo o que os homens fazem, sabem ou experimentam só tem sentido na medida em que pode ser discutido".*
>
> *Arendt*

O Espírito Associativo

A associação permite ao homem expressar sua liberdade e é o meio que lhe garante alcançar diferentes objetivos. Permite a reanimação dos espaços públicos e democráticos. Toda a sua vida, sua cultura, sua ação, só têm sentido, voltando a Arendt, na medida em que podem ser discutidas. Indivíduos isolados, sem projeto, sem tradição nem "paixão", segundo Tocquenville, *apud* Sayago,[6] formam nações fracas e dependentes.

São as associações responsáveis, no entender de Rosanvallon,[4] pela aproximação entre o individual e o coletivo. À medida que a população desenvolve a capacidade de diagnosticar os próprios problemas, aumenta a visibilidade social e com isso são introduzidas novas formas de sociabilidade e solidariedade, que permitem aflorar as necessidades e as aspirações da população local.

Assim, nessa afirmação, a participação deixa de ser a simples colaboração do povo no desenvolvimento de atividades planejadas pela classe dominante na mais autêntica forma de participação instrumental para se tornar um projeto político da comunidade organizada.

"Já trazes, ao nascer, tua filosofia.
As razões? Essas vêm posteriormente,
Tal como escolhes, na chapelaria,
A forma que mais te assenta..."

Mário Quintana

Faleiros[1], grande entusiasta do processo de participação, adverte que, muitas vezes, mobiliza-se a população para se obterem certos recursos ou para a consulta sobre certas decisões e representações já se partindo da ideologia de que as classes subalternas são incapazes de decidir seu próprio destino e o destino de toda a sociedade de forma autônoma. Consulta-se, contando que os lugares de dominação/dominados sejam mantidos, na mais pura tradição do darwinismo social.

Para Sayago,[6] o problema é encontrar um ponto de equilíbrio, pois em primeiro lugar, chega a haver tantos interesses quanto grupos envolvidos. Em segundo lugar, a força dos grupos que se articulam é bastante díspar e, em terceiro lugar, a pressão exercida pelos agentes externos dificulta uma aproximação menos instrumental desses grupos.

Ora, a questão central discutida universalmente refere-se ao desenvolvimento sustentável, que encontra na participação premissa geradora do mesmo. Equalizar o problema, encontrar o ponto de equilíbrio, parece ser encaminhado com pertinência reflexiva por Ludovic, *apud* Sayago:[6]

> *"O desenvolvimento não é garantido pelo papel, obsessivo e onívoro, das instituições públicas, nem pela espontaneidade de uma genérica participação de 'baixo'. O novo 'pacto' se baseia na premissa de aliar à administração municipal os recursos materiais e intelectuais da sociedade, os sujeitos emergentes na inovação, todos aqueles que propõem soluções avançadas para resolver os problemas da coletividade, sem gerar outros tantos."*

Para atingir tal ideal, necessário se faz identificar as formas de participação, norte para identificação das práticas e agentes/sujeitos envolvidos no processo.

Formas de Participação

A participação é cada vez mais reclamada; por vezes assumida como a panacéia libertadora do mundo, por vezes como instrumento de manipulação dos interesses sociais em jogo, de forma que, tanto mais naturalizada a palavra, tanto mais variada sua prática.

Concordamos com Sayago[6] quando parte da idéia de que a participação se encontra na sociedade em combinações das mais variadas, apresentando as formas de participação num quadro elaborado com intuito didático.

1. *Participação Individual:* entendida como ação individual de livre escolha. Pode-se subdividi-la em participação pública e participação privada ou anônima. Exemplos dessa participação são o voto, as opiniões e entrevistas concedidas publicamente ou opiniões *on line* facilitadas pelos serviços gratuitos de telecomunicação, entre outros;
2. *Participação Coletiva:* é uma ação coletiva de caráter associativo. Pode se manifestar de maneira pública ou privada. Podemos citar como exemplo a associação de pais e a maçonaria;
3. *Participação Passiva:* modalidade que implica a participação como repetição de comportamentos desejados. Participação no sentido quantitativo mais do que qualitativo. Podemos denominá-la, também, semiparticipação ou considerá-la uma mera representação. Geralmente é uma participação esporádica. Um exemplo de participação passiva é a consulta ou informação que, solicitada ou oferecida, fornece o indivíduo ou grupo. O censo talvez seja uma clara expressão disso;
4. *Participação Ativa:* esse tipo de participação significa organização dinâmica de um grupo ou comunidade, que assume o compromisso da luta e da conquista por meio do comprometimento direto nos assuntos de seu interesse. A solidariedade é seu alicerce. Significa mudanças no comportamento e nas atitudes a nível individual e coletivo. A diferença da participação passiva é regida pela constância. Daí sua formalidade. Movimentos sociais e ONGs servem de exemplo;
5. *Participação Voluntária:* é a participação de caráter espontâneo, criada pelo grupo e associada à resolução imediata de problemas. Como na participação coletiva, é regida pela solidariedade. O mutirão é um exemplo de participação voluntária;
6. *Participação Instrumental:* objetiva a mobilização para obtenção de fins que visam à conquista de posição ou poder. É dirigida por organizações externas e responde aos objetivos previamente elaborados pelos técnicos responsáveis. Há inclusão da população e exclusão de suas decisões. Como exemplo desse tipo de participação, podemos citar os programas sociais/participativos desenhados por organismos de financiamentos.

Os últimos anos marcaram mudanças notáveis no comportamento participativo dos cidadãos. Hoje, participar significa escolher comportamentos coletivos de associação, apesar de ainda ser possível encontrar o eterno estado de "aprendizagem" que marca passo, em "formação", à espera do "Don Juan do pobres", que não ultrapassa os limites da responsabilidade, tornando, no dizer de Faleiros,[1] a participação penosamente instrumental. A pista é saber se na participação entendida como resolução dos problemas locais não chega mesmo a haver uma segmentação exagerada das comunidades, restando-lhe só o protagonismo anônimo.

> *"A ação e o discurso separaram-se e tornaram-se atividades cada vez mais independentes. A ênfase passou da ação para o discurso, e para o discurso como meio de persuasão. Não como forma especificamente humana de responder, replicar e enfrentar o que acontece ou o que é feito."*
>
> *Arendt*

A Participação das Comunidades como Exigência dos Programas Oficiais

A participação das comunidades está sendo uma exigência dos programas oficiais tanto no âmbito nacional quanto internacional. Os organismos internacionais de financiamentos definem seus programas de ajuda social em cima de conteúdos voltados para a participação das comunidades locais.

Esse interesse não é muito recente. Em 1954, a divisão de assuntos sociais da Organização das Nações Unidas (ONU) já afirmava que o interesse pela organização da comunidade é mundial. O referido órgão tem, como um de seus principais programas, o desenvolvimento de técnicas da organização e desenvolvimento da comunidade. Alayón, *apud* Sayago[6]: "(...) Esse grande interesse pela organização da comunidade tem duas origens: por um lado, existe em todos os países do mundo a inquietude popular, que já não se conforma com as condições de pobreza, fome e humilhação ocorrentes desde tempos imemoriais. Por outro lado, as imensas necessidades do povo jamais serem atendidas mediante os recursos técnicos e econômicos existentes"

Alguns estudiosos partem da hipótese de que a defesa e a sustentação da participação levaram organismos internacionais, como o Banco

Interamericano de Desenvolvimento (BID) e o Banco Internacional de Reconstrução e Desenvolvimento (BIRD), a incentivarem a participação comunitária como meio para atingir o desenvolvimento dentro de uma visão transformadora da sociedade.

Ao longo da década de 1990 as ações intensificaram-se e expressões como *stakeholders* (referindo-se a atores envolvidos) e *empowerment* (atribuição de poderes, como promoção da capacidade de participação) ganharam um grande espaço nas práticas dessas instituições.

Para outro grupo de autores, a ação de tais organismos, instrumentalizada nas teias dos poderes locais, leva a que a "prática" e o "discurso" da participação disfarcem relações de poder.

Contudo, a participação tornou-se a palavra chave na discussão dos novos caminhos que se pretende alcançar. Sua prática coletiva - ativa - voluntária, que aciona paixões, pertencimento e solidariedade, parece boa medida. Quanto mais a comunidade se integra, tanto mais se liberta, e em geral, segundo Santos,[5] cresce a adesão voluntária a projetos de "solidariedade participativa", ou seja, a obrigação política horizontal entre os indivíduos, esforços direcionados para o que a comunidade deseja. É preciso saber que, se por um lado a participação é vista como um caminho que conduzirá os indivíduos ao exercício pleno de sua cidadania e é pelo exercício político que lhes será permitido emancipar-se e criar espaços de discussão, por outro lado pode ser vista, na ausência da dimensão da cidadania, como interferência e *locus* privilegiado de agentes externos na orientação das ações coletivas locais, sendo, portanto uma ilusão do desenvolvimento dos indivíduos e de sua comunidade.

Um aspecto fundamental no processo é que fique claro que a participação, mais do que a ação mecânica de escolha de representantes é "partilhar", é criar, garantir uma identidade coletiva que estabeleça um tecido que as mantenha unidas. Lembrando Sennet,[7] o "senso de comunidade" de uma sociedade é fruto de uma forte vida pública, resultado da união da ação compartilhada. Assim, a participação que procuramos, que baliza os princípios de um desenvolvimento sustentável, não se assenta em deveres e direitos "decretados"; sua força está na tomada de decisões e na gestão local, participando ativamente nos processos de desenvolvimento. A estratégia da participação permite, assim, que as comunidades superem sua condição de sobrevivência e supressões, passando a ser protagonistas do seu próprio bem-estar.

Referências Bibliográficas

1. FALEIROS, V. *Saber profissional e poder institucional*. São Paulo: Cortez, 1997.
2. KOWARICK, L. *Escritos urbanos*. São Paulo: Ed. 34, 2000.
3. MIRANDA NETO *et al*. *Dicionário de ciências sociais*. Rio de Janeiro: Fundação Getúlio Vargas/Mec, 1986.
4. ROSANVALLON, P. *A crise do Estado*: providência. Goiânia: UFG/Ed. Universidade de Brasília, 1997.
5. SANTOS, B. S. *Pela mão de Alice*: o social e o político na pós-modernidade. São Paulo: Cortez, 1999.
6. SAYAGO, D. *A invenção burocrática da participação*: discursos e práticas no Ceará. Tese (Doutorado em Sociologia). Brasília - Instituto de Ciências Sociais, Programa de Pós-Graduação em Sociologia, Universidade de Brasília, 2000.
7. SENNET, R. *O declínio do homem público*: as tiranias da intimidade. São Paulo: Companhia das Letras, 1998.
8. THOMPSON, E. P. *Costumes em comum*: estudos sobre a cultura popular tradicional. São Paulo: Companhia das Letras, 1998.
9. VIEIRA, L. *Cidadania e globalização*. 4ª ed. Rio de Janeiro: Record, 2000.

Capítulo 4

PARTICIPAÇÃO E DESENVOLVIMENTO DO TURISMO LOCAL

VERA SYLVIA DE MATOS DOURADO MAMEDE

"Da força da grana que ergue e destrói coisas belas..."
CAETANO VELOSO

Os estudos iniciais sobre o impacto do turismo trataram, sobretudo dos aspectos econômicos, uma vez que eles eram facilmente quantificáveis e mensuráveis. Além disso, supunha-se que a renda gerada pelo turismo poderia compensar as eventuais conseqüências negativas.

Considerando a predominância das perspectivas de curto prazo, presentes principalmente na fase inicial do turismo de massa, além do que, em economia, a metodologia do impacto tem longa tradição, a mensuração dos impactos ambientais e sociais não progrediu no mesmo ritmo. A ênfase exagerada sobre os benefícios econômicos, aliada à falta de uma série de outras variáveis, freqüentemente levou a conseqüências físicas e sociais adversas.

É bem verdade que, em muitos casos, estudos demonstraram o benefício econômico líquido que o turismo implicava para os destinos que o acolhiam. Mas o turismo, por sua própria natureza, é seduzido por ambientes e sociedades singulares e por vezes frágeis; evidenciou-se assim, também, em alguns casos, que os benefícios econômicos foram neutralizados por conseqüência ambientais e sociais negativas e não mensuradas previamente.

Só muito recentemente tem havido o reconhecimento e a tentativa de avançar, considerando outras variáveis ambientais e sociais do turismo. A onda ascendente de ambientalismo, notadamente a partir da década de 80, alcançou o turismo e emprestou sustentação à opinião de que em alguns casos os custos sociais e ambientais do turismo superam bastante seus benefícios econômicos.

Conceitos do tipo "desenvolvimento sustentado do turismo" e "consumo responsável do turismo", de Archer,[1] estão presentes nas pautas de debates e são vistos como resposta, pois, determinam o grau de solidez para o turismo e para o desenvolvimento deste, favorecendo um melhor planejamento e gerenciamento da atividade.

O conceito de "desenvolvimento sustentado do turismo", definido como a proteção e a conservação da ecologia de uma área, a fim de manter sua vida útil por um longo período de tempo, passa a prevalecer, ancorado na longa linhagem no campo da administração de recursos, como expressão aceitável no turismo. Assim, o conceito de sustentabilidade ganha uma importância central agora na reavaliação do papel do turismo na sociedade. Ele exige uma visão de longo prazo da atividade econômica, considera o imperativo do crescimento econômico contínuo e garante que o consumo do turismo não vá exceder a capacidade de um destino anfitrião de satisfazer futuros turistas. Acompanha também a recomendação, um olhar da comunidade sobre si própria. É fundamental, se se quer evitar ou remediar os efeitos adversos, a vigilância da comunidade local, principalmente, no que se refere às políticas implementares em seus municípios, enquanto ainda não assumir um papel ativo como planejadores/gestores da atividade - que os governantes e empresários (empreendedores) preocupem-se menos com o número crescente de visitantes, medida utilizada para auferir o "sucesso" do local, e dediquem atenção maior ao bem- estar local.

Assim, para evitar os impactos negativos do turismo é necessário deixar de pensar e planejar a curto prazo e passar a fazê-lo a um prazo mais longo, e reconhecer que além de não ser ética, a exploração de lugares e pessoas tampouco é lucrativa (a longo prazo).

Tais ponderações vêm sendo construídas através do inventário da atividade turística. Ao longo das duas últimas décadas, o planejamento e o marketing do turismo têm visado, sobretudo, atender às necessidades do turista e oferecer-lhe "experiências interessantes". Essa atitude se baseia, em primeiro lugar, na necessidade dos empreendedores e dos operadores de atrair um grande número de visitantes e, com isso, garantir um rendimento financeiro adequado para seus investimentos e operações, e, em segundo lugar, no desejo de políticos e planejadores de maximizar as vantagens financeiras obtidas com o turismo para seu país ou região. Pois, saibam vocês, é uma receita muito importante nas contas dos governos, embora muitas vezes, e na maioria das vezes, esse ganho não retorne ao local que propicia o atrativo como deveria ou como gostaríamos.

Infelizmente se deu muito pouca atenção no passado aos desejos da população local. Porém, hoje, o hiato entre visitante e visitado tende a se fechar, uma vez que o turista e o residente estão permutando suas ambições e modos de vida. Não numa relação sem resistências e adesões, na qual os conceitos de *controle* e *escolha* se fazem presentes e nós, estudiosos do turismo, devemos conhecer.

Mercer,[4] através de estudos de casos realizados em comunidades nativas, destaca os conceitos nos quais: *controle* indica se a população controla seu próprio destino quando negocia decisões relativas ao desenvolvimento do turismo em seu país, região, e a *escolha*, que indica se ela tem liberdade de escolha para negociar ou para simplesmente se recusar a fazê-lo. Não considerar a posição da população residente pode levar a "azedar" a relação visitante × visitado, essencial à atividade turística principalmente a que se pretende calcar sob a égide da sustentabilidade.

O problema básico que ora se coloca refere-se ao princípio da eqüidade ou justiça e à questão de como hoje as populações receptoras podem obter o máximo de benefícios derivados do turismo sem serem devastadas e dominadas pelos excessos que o próprio turismo, como atividade mecanicamente econômica, concentrando-se apenas nos dados monetários e em outras informações financeiras, leva à negligência de outros fatores, freqüentemente mais importantes, tais como fatores socioculturais, psicológico, ambientais e do próprio bem-estar, social.

Para Archer,[1] "na verdade em todas as formas e análises de impacto é importante perceber quando um evento é introduzido pelo turismo e quando o agente de mudança é outro; garantir que os efeitos secundários e terciários sejam considerados; e ter uma visão de qual era a situação antes da intervenção do turismo".

"Lugar, é a extensão do acontecer solidário da vida cotidiana."
MILTON SANTOS

Como Pode o Turismo Contribuir para o Desenvolvimento Local?

A análise e a verificação dos fenômenos que ocorrem no lugar são advogadas como primeiros passos para que se rompa com empirismo e aleatoriedade até então vivenciados na atividade turística. O envolvimento da população local introduz a idéia de que é possível administrar o destino, a atividade, os impactos e os recursos.

Aqui, porém, outra pergunta se impõe: administrar para quem? Se formos perseguir ainda a noção de desenvolvimento sustentável, e do novo paradigma que o orienta nas bases da participação, veremos que nas sociedades pluralistas como a nossa os conflitos e tensões entre diversos grupos sociais - os depositários do dinheiro apostado no turismo, turistas, empreendedores, planejadores, ambientalistas e a população local (sede do destino) - irão determinar os níveis de desenvolvimento do turismo cada qual a seu turno. Afinal, o turismo ocorre dentro de contextos políticos e sociais, nos quais as estratégias de participação permitirão que os agentes políticos envolvidos no processo equalizem suas ações. A perspectiva nos tem indicado que administrar só é possível quando os envolvidos são esclarecidos e vigilantes sobre seus interesses e acostumados a pensar neles. Aqui se decide o destino dos recursos, pela correlação de forças. Assim, parece animador o fato de que a pressão atual pelo turismo sustentável responsável resultará numa ênfase diferente nesse debate que se estabelece entre os vários grupos da sociedade e poderá mudar o equilíbrio entre os resultados positivos e negativos do turismo no futuro. E é bom lembrar que o futuro deve começar agora.

> *"Palavras velhas não servem a coisas novas. O vocábulo desenvolvimento, muito degastado, não significa crescimento e muito menos regular distribuição da riqueza (...) A economia não é tudo sem eficácia social."*
>
> Adry Rodrigues

Até agora temos falado em desenvolvimento mesmo considerando que nos referimos ao desenvolvimento sustentável; cabe aqui uma reflexão sobre o que é realmente desenvolvimento para que o desenvolvimento sustentável não venha a ser mais uma das panacéias libertadoras das situações de exclusão e injustiça social.

Como a palavra desenvolvimento sempre nos reporta à modernidade, progresso e prosperidade, as outras formas "alternativas", incorporadas pelas cooperativas, associações e outras, pressupõem-se, para determinados pensamentos de contornos arcaicos, como negadores da capacidade de empreendedorismo e progresso.

Faleiros,[3] citado no momento anterior, já indicava a dimensão ideológica que desautoriza e/ou não reconhece às populações menos expressivas socialmente a capacidade de gerir seus destinos e de suas localidades - autonomia.

Assim, falar em desenvolvimento local requer uma rápida incursão sobre o mito do desenvolvimento, via de regra, ancorado no conceito de desenvolvimento econômico.

Para Rodrigues,[5] desenvolvimento não deve ser entendido como sinônimo de desenvolvimento econômico, embora muitos, e não só os economistas, continuem a reduzir aquele a este.

O chamado "desenvolvimento econômico" é, basicamente, formado pelo crescimento econômico mensurável por meio do crescimento do Produto Nacional Bruto (PNB), do Produto Interno Bruto (PIB) e pela modernização tecnológica, em que ambos se estimulam reciprocamente. Bem, sabemos que não é assim. Na própria história do Brasil, no auge do seu "milagre econômico", anos 60 e 70, houve o dito desenvolvimento econômico, que ocorreu sem o registro de melhoria do quadro de concentração de renda ou dos indicadores sociais. Assim, a essência do desenvolvimento deve designar um processo de superação de problemas sociais, em cujo âmbito uma sociedade se forma, para seus membros, mais justa e legítima.[7]

A discussão sobre a relação entre turismo e desenvolvimento deve-se orientar sob as possibilidades do turismo constituir um fator significativo ou não de desenvolvimento local, o que, pela abrangência e complexidade da tarefa, não cabe nas pretensões e dimensões deste trabalho. Todavia, é o caminho, os primeiros passos para construção de uma agenda que se apresenta urgente em tempos de repensar os paradigmas que até então balizaram a atividade turística nas localidades onde é implantada. Põe-se agora a afirmação da "força do lugar" em face das tendências, como indica Benevides,[3] da marginalidade socioeconômica e da homogeneização cultural decorrentes do processo de globalização.

Assim, pensar no futuro da "sociedade futura", quando esta não está presente fisicamente para dizer o que quer é um contra-senso, pois a maioria dos que estão presentes hoje não é ouvida, ou melhor, sequer lhes é indagado sobre o que querem ou o que pensam. Aqui, a questão da autonomia volta e é central. O desenvolvimento socioespacial pressupõe que uma coletividade tenha autonomia para gerir os seus destinos, ou seja, eleger ela própria e conscientemente as suas prioridades e os meios para concretizá-las; até para disciplinar o turismo conforme seus interesses e suas necessidades. Contudo, vale lembrar, a população é heterogênea e a assimetria do poder é, sobretudo em uma sociedade capitalista periférica como a nossa, enorme. Então, se a maioria da população não puder participar livremente da gestão dos recursos socioespaciais de seu município, o turismo, assim como outras atividades, dificilmente corresponderão às suas expectativas e casarão com os seus interesses. Dificilmente, portanto, o turismo tenderá a trazer desenvolvimento duradouro.

Propor o desenvolvimento com base local significa em boa medida contrariar a racionalidade econômica hegemônica vigente, que "confunde" (?) desenvolvimento econômico com desenvolvimento sustentável. O desenvolvimento em escala humana propõe que as necessidades humanas sejam atendidas desde o começo e durante todo o processo de desenvolvimento, ou seja, que a realização das necessidades não seja só a meta, mas sim o próprio motor do desenvolvimento.[5] Isto significa, segundo Rodrigues,[5] que a estratégia de desenvolvimento seja capaz de estimular permanentemente a geração de satisfação desde o princípio do processo de mudança e de transformação, dando origem a um desenvolvimento sadio, autodependente e participativo, capaz de criar os fundamentos para uma ordem na qual se possa conciliar crescimento econômico e solidariedade e o crescimento das pessoas, de todas as pessoas.

Se os caminho são novos, o processo decisório exige outro norte. Demanda a mobilização das lideranças locais em todas as fases do processo – na concepção, implantação, gestão e monitoramento dos projetos. Já diz o ditado popular "só se ama aquilo que se conhece", já canta Caetano "quando a gente gosta é claro que a gente cuida".

Para Santos,[6] o espaço-tempo privilegiado é o local. As neocomunidades que indicam os rumos da emancipação sabem e já deixam claro que a emancipação não se assenta nem no reconhecimento da diferença nem no reconhecimento da igualdade e antes no reconhecimento de ambas.

Um projeto de turismo sustentável em base local com o objetivo de planejar e manejar os sistemas e recursos, levando em consideração os aspectos históricos, culturais e tradicionais, além de conflitos de usos e interesses, para que ocorra de forma socialmente justa, é necessário que haja a participação da população durante todo o processo, garantindo, assim, que as decisões tomadas estejam de acordo com as aspirações da comunidade e que sua implantação em tais bases seja efetivada. Para tanto, é necessário que os indivíduos estejam devidamente informados para analisar coincidentemente as conseqüências dessa reorientação de uso e ocupação da paisagem, dos valores culturais e nos padrões familiares locais e o impacto sobre os ecossistemas locais, que são físicos e simbólicos.

Sendo o turismo uma forte alternativa para a economia local, faz-se necessário um planejamento sério e cuidadoso, pois, como vem sendo implementado e incentivado, tem trazido resultados sustentados imediatos e, mesmo assim, nem para todos da localidade, e longe está de colaborar com a sustentabilidade destes lugares, que ainda guardam e teimam em guardar belezas cênicas singulares.

"E a minha casa acasala a paisagem"

Pablo Benevides

Há que se confiar na capacidade e sabedoria das comunidades locais, na identificação dos seus problemas e na tentativa de soluções originais com base na sua própria experiência e na de outros grupos similares, reconhecer que acasalam a casa, o lugar.

Autores como Rodrigues,[5] apostando nas possibilidades do desenvolvimento do turismo local, ancorado nas crenças e nos saberes da população, sugerem como alternativas e caminhos estratégias em nível municipal tais como:

1. Criação de um sistema de informação para microinvestidores;
2. Incentivo à formação de viveiros de microempresas, contando com a parceria das Universidades, nos seus programas de extensão, através da pesquisa - ação;
3. Apoio a técnico para a abertura de microempresas e cooperativas;
4. Apoio a projetos de criação de novas escolas de formação profissional, notadamente técnicas, de nível médio;

5. Apoio à economia informal em parcerias com associações comerciais, sindicatos de economia informal e outros que a sua imaginação e o conhecimento da situação local possam desenvolver. Então, mãos à obra!!!

Referências Bibliográficas

1. ARCHER, B; COOPER, C. Os impactos positivos e negativos do Turismo. In: THEOBALD, W. (org.). *Turismo global*. São Paulo: SENAC-SP, 2001, p. 85-102.
2. BENEVIDES, I. P. Para uma agenda de discussão do turismo como fator de desenvolvimento local. In: RODRIGUES, A. (org.). *Turismo e desenvolvimento local*. São Paulo: Hucitec, 2000, p. 23-41.
3. FALEIROS, V. *Saber profissional e poder institucional*. São Paulo: Cortez, 1997.
4. MERCER, D. A difícil relação entre o turismo e a população nativa: a experiência da Austrália. In: THEOBALD, W. (org.). *Turismo global*. São Paulo: SENAC, 2002, p. 117-144.
5. RODRIGUES, A. Turismo local: oportunidades para inserção. In: RODRIGUES, A. (org.) *Turismo e desenvolvimento local*. São Paulo: Hucitec, 2000, p. 55-64.
6. SANTOS, B. S. *A razão crítica da razão indolente*: contra o desperdício da experiência. São Paulo: Cortez, 2000.
7. SOUZA, M. J. L. Como pode o turismo contribuir para o desenvolvimento local? In: RODRIGUES, A. (org.). *Turismo e desenvolvimento local*. São Paulo: Hucitec, 2000, p. 17-23.

Capítulo 5

IDENTIDADE: PERCEPÇÃO E CONTEXTO

CLERTON MARTINS

Percebendo o sentimento dos poetas na letra da música abaixo:

SOU DO CEARÁ
(Autores: ANÍBAL FILHO E ANTONIO GONDIM)

"Sou do Ceará, sou do Ceará
Sou da terra dos mares bravios
Das jangadas valentes sem par
Já cantei mais mil desafios
Entre aplausos das ondas do mar.

Sou do Ceará, sou do Ceará
Desde a virgem formosa Iracema
Quanto esplendor
Nossa terra é o mais lindo poema
De fé e amor
As vaquejadas que deixei lá no sertão
Vivem sempre de saudades me florindo o coração.

Sou do Ceará, sou do Ceará
Sou da terra que vive a lutar
Contra a seca e o sol mais hostil
Sou da terra onde Deus quis formar
Com mais brio e mais alma o Brasil."

Lendo o texto que se segue:

"Afinal, o Que é o Cearense?"

"Parece que a expressão 'o Nordeste' só na década de 20 foi ter curso livre nos compêndios. Até então éramos englobados na designação genérica de 'Norte', que ia da Bahia ao Amazonas. Rui Barbosa, baiano, Deodoro e Floriano, alagoanos, Padre Cícero, cearense, eram todos 'nortistas'."

Afinal, sociólogos, antropólogos, geógrafos resolveram nos situar em território próprio, atendendo às características gritantes de nossa diversidade. Primeiro porque, a bem da verdade, nós realmente nos situamos a nordeste do País e a nordeste do continente. A ponta mais oriental do Brasil é a do Cabo Branco, na Paraíba. E, depois, porque nós somos mesmo especiais e diferentes, não só do Norte como de todo o resto do Brasil. Somos o resultado das condições peculiares do rincão em que nascemos. Na nossa composição étnica, além do português e do africano - desembarcados aqui em pequeno número e apenas nos mais remotos tempos da vida colonial, a ponto de se poderem considerar quase autóctones - 90 por cento do que somos são índios. Nunca, em terra nossa, o estrangeiro nos invadiu o território em grandes grupos.

Nada de afluência imigratória maciça, nem de italianos, nem alemães, nem suíços, nem outros tipos de centro-europeus; nem japoneses. Os mais numerosos e melhor adaptados são os árabes. Estes talvez nos procurem de preferência justamente pela semelhança na cor morena e nos nossos respectivos habitates: aqui o semi-árido; lá, não só o semi-árido como até o deserto.

Mas, afinal, o que é o Ceará? A terra das secas? Sim. A terra da caatinga áspera, dos verões de sol sem trégua, do mato sem folhas de agosto a dezembro, mesmo nos anos bons. A terra do caboclo, do boi pé-duro, dos rebanhos de bodes. Sim. Mas é também o litoral das praias mais belas do Brasil. Temos também, atravessando a caatinga, o lombo gigante das serras frescas, onde os verões são amenos. Nelas já se plantou muito café, de excelente qualidade; lá se fez muita fortuna.

Temos os vales frescos, como os do Cariri, que vem de Pernambuco ao Ceará, protegidos pela barreira verde da Chapada do Araripe.Assim, não representamos unicamente a terra da seca. Nem representamos todos o arquétipo do nordestino, popularizado pelo folclore e pela prevenção dos que não gostam de nós. Embora façamos jus a certas alegações, como por exemplo, a dos que são contra a nossa obstinada mania de sobreviver. E, não gostamos de morrer fácil. Não nos deixamos dizimar sem luta, pela pobreza, o abandono, a incultura; não nos conformamos com a sentença de que devemos ficar quietos no nosso canto, braços cruzados, esperando o fim; ou aguardando que Deus mude de idéia e nos mande um bom tempo.

Não é à toa que se chamam os cearenses de judeus brasileiros. Com efeito, temos em comum com o judeu é a enraizada paixão pela terra áspera da nossa origem, obedecendo ao mesmo tempo ao instinto da sobrevivência que nos leva a procurar outras terras, outros climas, onde escapar vivo não seja quase impossível ou ao menos tão duro.

Vivendo fora da terra, a gente pode se adaptar um pouco, tentando falar carioquês ou paulista para não ficarmos tão diferentes do geral (o que, aliás, muito mal se consegue). Mas, lá chegando, de fugida ou com demora, o primeiro sinal de libertação é a volta ao falar a língua dos nossos - no nosso ritmo, devagar, gostoso, cortando os 'esses' e 'eles', rolando na boca os nomes e os verbos como um caroço de pitomba...

Somos duros e sabemos que o somos. Zombamos dos serranos que nos aparecem nos meses de inverno para comer leite e engordar, curtir as nossas boas coisas. São todos mimosos, assopram esfogueados e se abanam nas horas de mormaço, são viciados em água corrente, chegam a desdenhar dos nossos açudes de água velha, quase choca... E os belos mancebos do chamado 'Sul Maravilha' do Henfil podem ficar certos de uma coisa: nós gostamos muito de nós. Assim baixinhos (a gente mesma diz 'batorés'), amarelos, perna seca, cabeça chata. Não temos complexo de inferioridade."

Rachel de Queiroz e Maria Luiza de Queiroz

Respondendo às perguntas abaixo:

De Onde Você É? Quem É Você?

Perguntas como estas, tão comuns no cotidiano, com certeza remetem as pessoas às suas origens, raízes e sentido de pertencer.

A percepção advinda das perguntas - de onde você é, ou quem é você - em fração de segundos percorre toda a memória e busca no todo do ser "o que é que os referencia"; na realidade trata-se do resgate de um fenômeno humano que é chamado de identidade.

Mas o que Significa Mesmo "Identidade"?

Na ilustração inicial dos poetas Aníbal Filho, Antônio Gondim e da grande Rachel, a palavra tem o mesmo significado observado na publicidade governamental exibida pelos canais de televisão locais, quando exibem imagens de gente do Ceará, seja do sertão, seja da cidade, da praia ou da serra, na campanha que mexe com o sentimento de pertencer ao Ceará e enche o corpo e alma, quando cada uma das personalidades expressa: *"Ceará, eu trago comigo esta força!"*.

Tal força referida ali sugere esta identidade, tão percebida, porém de complexa definição.

O indivíduo se refere ao time, à turma, à equipe de trabalho, à família, ou à cidade a que pertence e se sente integrado, impregnado pelo cheiro do lugar, pela maneira do povo e sentimento de pertencer, ou ainda quando percebe em alguma situação, algo que o liga àquele lugar, ao povo ou ao grupo, ele está sentindo o "pertenço", sou aquilo, sou de lá.

> *"(...) As paisagens, o alto da bolandeira, o alto da Chiquinha do Elpídio, a igreja, o patamar, o cruzeiro, as ruas, o parentesco, as festas, o riacho Maniçobas, o rio, as tradições estão intrinsecamente ligadas aos habitantes de Guassussê e em mim... moram (...)."*
>
> *Erotilde Honório*

Identidade seria, em linhas gerais, esse sentido de pertencer que as pessoas trazem enquanto seres simbólicos que são. Esse ser de algum lugar pertence a algum grupo, sente afinidade com algo que lhe resgata algo seu; isto tudo é chamado de identidade.

Porém, existem muitos estudos aprofundados nesta questão.

O conceito de identidade passa por diversas abordagens. A psicologia social e a antropologia deslocaram seu enfoque para a questão da individualidade e os processos de perspectiva grupal, quando trata da identidade étnica e identidade social.[3]

A identidade social pode ser compreendida como o conhecimento por parte do indivíduo, de que pertence a um determinado grupo social. Junto a isto está a significação valorativa e emocional de pertencer, sentir-se parte.[3]

A identidade étnica pode ser definida, em linhas gerais, como o sistema cultural de referência, a partir do qual uma comunidade define sua identidade grupal.[1]

Nestas perspectivas está implícito que a identidade nada mais é que a conseqüência de pertencer a um grupo ou comunidade culturalmente homogênea e socialmente definida.

Porém há um fato que se deve ter em conta. O indivíduo, enquanto ser de subjetividade, desenvolve outras identidades, além das configuradas pelo grupo ou comunidade.

Estas são identidades próprias. Assim, apesar das definições culturais apreendidas no processo de construção do ser, passadas pelo grupo de referência, por exemplo, a família, ou a turma da escola, a história individual tem sua importância na construção da identidade grupal e interfere nela.[2]

Os estudos da cultura dos grupos apresentam alguns elementos fundamentais como identificadores étnicos, os quais são muito importantes para os processos de identidade.

Todo grupo necessita de uma cultura que o sustente para poder existir, vivenciada no sentido comum e repassada através de comunicação, para manter o sentido de pertencer entre seus integrantes.

O território, a história, a cultura, a comunicação e o patrimônio produzido são alguns desses elementos.

Território

Os grupos configuram sua existência através da ocupação de um lugar, de um campo espacial próprio. Ali, marcam-se as regras, normas de comportamento, vestuário, linguagens, ritos, etc., que atuam como delimitadores do acesso ao grupo. Estas definições conferirão a unidade e identidade a seus integrantes. Assim, a posse de um território confere identidade ao grupo e aos seus componentes - ter e ser no espaço.[1]

O território é o espaço ocupado por uma pessoa ou grupo, é aquele no qual se vive e se experimenta sua existência concreta e cotidiana.

Na sociedade urbana são inúmeros os territórios ou espaços nos quais se integram os indivíduos.[5] Casa, escola, empresa, ruas, transportes, etc. Desta forma, desenha-se uma cidade territorial. Em cada um desses ambientes se desenvolverão interações diferentes entre os indivíduos.

História

Como o espaço, o tempo constitui um elemento fundamental na constituição do grupo. Desta forma, a história é um elemento básico na construção da identidade do grupo.

A história tem lugar no território. O território é o espaço onde o imaginário utópico tem seu cenário, onde se observa a manifestação do sagrado - montanhas, pedras, árvores, rios, histórias próprias do lugar.

É o cenário também das narrações heróicas do povo, por mais agreste que pareça, onde através dos feitos de reconquista, de expulsão dos inimigos se consagra a história.

A história faz remissão "ao que fomos" para chegar "ao que somos". A história se refere à realidade que foi e à realidade a ser. Desta forma, o passado histórico é definido a partir do que foi (história) e também do que deveria ser (lenda).[1]

Cultura

O conceito de cultura complementa o de sociedade. Definindo sociedade como o que se refere a um conjunto de indivíduos identificados como membros de um grupo social, que inclui minimamente a ambos os sexos e a diferentes gerações, ou a uma família realizando o processo social total, ou a várias famílias nucleares desenvolvendo relações orgânicas comuns, a cultura refere-se às obras dos homens, portanto, aos conteúdos e símbolos que governam estas relações e que dão significado e continuidade a ação social.

Deste modo, sociedade equivale ao agrupamento orgânico de certo número de indivíduos para propósitos que lhes são comuns em termos de processo social.

Já a cultura representa as idéias, os conceitos e os valores que regulam coletivamente e individualmente tais relações, transmitidos no processo de socialização, por sua vez criados pela transformação ou invenção, cuja qualidade mais significativa é de ser basicamente homogênea.

Como disse Kroeber,[6] o conceito de cultura constitui, para a antropologia, uma categoria de importância semelhante ao que teve e tem o conceito de evolução nas ciências biológicas. Sua importância está no fato de se tratar de uma categoria empiricamente demonstrável e explicável. Demonstrável por referir-se aos atos e aos pensamentos dos homens, e explicável por seu sentido de significação presente nas finalidades e nas funções de comportamento.

Patrimônio Produzido

Segundo Aguirre[1], a patrimonialização é uma tomada de consciência social de um grupo com referência a alguma ou a algumas manifestações culturais próprias.

De todas as formas, tomando o patrimônio em sentido amplo, na hora da verdade estão ali materializados: as tradições, os costumes, os modos de ser e de viver, mas, sobretudo, em cultura material, técnicas, artefatos, etc., nos quais estão os testemunhos reais, palpáveis, das mais diversas culturas.

O estudo do patrimônio cultural implica uma contextualização social, econômica, histórica que esbarra no resgate da identidade seja em qual aspecto for.

O círculo se completa quando o patrimônio se transforma em museu. "Musealizar" a cultura material e imaterial significa recontextualizá-la, exigindo dos estudiosos responsáveis conhecimentos exaustivos dos objetos em seu poder e do espaço que estes ocuparão nos museus, para representar com fidelidade o sentido que tal objeto representou no seu passado histórico.

A idéia de patrimônio cultural abarca todos os aspectos da atividade humana e conduz a uma revalorização do natural e do meio ambiente como algo relacionado com o homem e manipulado por ele.

No contexto cotidiano, o homem interage com a natureza e domina as espécies, a geografia e controla, consciente ou inconsciente, seu hábitat, no qual desenvolve sua vida, potenciando umas coisas em detrimento de outras. Assim, o meio ambiente está intimamente relacionado com o cultural, ou seja, com as produções do homem.[8]

O patrimônio é mutável, sendo utilizado pelo homem para se aprofundar nos contextos sociais, históricos, econômicos, etc., que, por convenção, lograram reunir sentimentos ao redor de determinados fenômenos existentes na vida em sociedade.

Identidade e Turismo Sustentável: Conclusões

Identidade se relaciona com memória coletiva, exterior ao indivíduo. Essa memória envolve muitas outras referências de ordem individual e preserva de forma peculiar os fatos da sociedade contexto desse indivíduo.[7]

Por sua vez, o indivíduo recorre a este conjunto de referências para recuperar ou manter sua identidade, seu sentido de pertencer, resgatando sua história, sobretudo nesse período de globalização, em que o individual se perde no padrão.

Na evolução, percebe-se que o homem já pertenceu ou ainda pertence a clãs, tribos, à classe dos servos ou à dos nobres, ao grupo ao qual lhe afiliem alguns sentimentos, a uma família.[8]

O homem nasce, vive e morre sabendo a que grupo, família, comunidade, cidade, país pertence. Isso resume uma visão de identidade que é característica própria do ser humano.

No entanto, a identidade também aparece como referência do homem a pertencer a determinados grupos pela execução de papéis, mediante os quais se relaciona. Assim, a identidade é uma construção também do próprio homem, portanto pode ser mudada.

No âmbito moderno, o homem possui múltiplas identidades coexistentes em diversas circunstâncias de sua existência.

Mas, manter a identidade significa algo vital para que as pessoas se sintam seguras, unidas por laços extemporâneos a seus antepassados, por um território, costumes e hábitos que lhes passem segurança, que lhes indiquem suas origens, para que lhes referenciem diante de um modelo social tão diverso.[4]

Algumas críticas já foram feitas ao processo de transformação do legado cultural como produto interessante ao turismo, ou seja, é mal visto o legado cultural transformado em bens de consumo.

No contexto regional, no qual a história é uma grande desconhecida, os feitos heróicos do povo ficam enterrados no esquecimento e sobrepostos aos valores das classes dominantes, enquanto o povo, de forma geral, desconhece todo o seu processo em decorrência de um cotidiano voltado para a sobrevivência dura; é importante ressaltar ainda que, também para outros fins, a memória, e, por conseqüência, o que virá ao longo da história, pode sugerir o que é identidade.

O ambiente que é voltado para o turista também é voltado para o povo em seus momentos de lazer, e só por esta forma se torna sustentável, gerando a preservação de ruas, cidades, centros históricos, encenações de feitos heróicos e até guerrilhas.

Desta forma, as populações terão a oportunidade de entender seu passado, resgatando assim suas referências históricas, que, fatalmente, as remeterão às suas identidades, ou gerarão curiosidades e buscas de conhecimentos mais profundos, que contribuirão de alguma forma para uma rememorização da identidade.

Os menos flexíveis poderão não ver em curto prazo possibilidades de investimento local. Por mais devassador que o fenômeno do turismo possa parecer no primeiro momento, observa-se que por onde se dá a atividade turística, de uma forma ou de outra dá-se o despertar de uma consciência de lugar, de ser local e de um sentimento de orgulho, uma visão de povo por conta dos fenômenos sociais que o turismo desperta ou de ganâncias econômicas ou ainda por que o povo percebeu a necessidade de preservar melhor o lugar para si, que, conseqüentemente, gerará mais ganhos para o homem local e para o turista que sai de seu contexto e vem conhecer o outro e provar um pouco do "seu jeito".

Assim, quem sai do dito primeiro mundo não deseja encontrar no Nordeste do Brasil um *shopping* nos padrões da Flórida ou de Paris, mas com certeza lhe agradará estar numa barraca de praia bem trabalhada, saboreando o melhor peixe que se aprendeu a fazer ao longo dos tempos ou, quem sabe, no quente sertão semi-árido, aprendendo como se vive naqueles lugares tão exóticos e quentes, mas que tem um povo superacolhedor vivendo em cidades bem preservadas à sua maneira, vivenciando as festas locais, ou as feiras das serras com suas frutas, ervas e elementos típicos.

Certamente, o homem está num processo em que aprende a ver o seu potencial de povo, a sua identidade como algo peculiar e apenas seu. O fenômeno do turismo sai da exploração e chega à valorização do fazer e ser local, partindo do homem local. Isso agrega outros fatores/valores que levarão em breve, o turismo regional a uma sustentabilidade.

REFERÊNCIAS BIBLIOGRÁFICAS

1. AGUIRRE, A. *Cultura y identidad cultural, introducción a la antropología*. Barcelona: Bardenas, 1997.
2. AGUIRRE, A. Identidad cultural y social. *Antropológica*, revista de etnopsicologia y etnopsiquiatria, Barcelona, Tercera época, p. 99-101, mar./1999.
3. AGUIRRE, A.; RODRIGUEZ, M. *Skins, punkis, okupas y otras tribos urbanas*. Barcelona: Bardenas, 1997.
4. BARRETO, M. *Turismo e legado cultural*. São Paulo: Papirus, 2000.
5. DAMATTA, R. *Relativizando:* uma introdução à antropologia social. Rio de Janeiro: Rocco, 1997.
6. KROEBER, A. L.; KLUCKHOHN, C. *Culture*: a critical review and definitions. Cambridge, Harvard University Press, 1952.
7. LEVY-STRAUSS, C. *Antropología estructural*. 5ª ed. Madrid: Siglo XX, 1986.
8. LINTON, R. *Estudio del hombre*. México: Fondo de Cultura Económica, 1942.

Capítulo 6

PATRIMÔNIO CULTURAL E IDENTIDADES

BERENICE ABREU DE CASTRO NEVES

"Lugares e objetos são evocados
como sinais topográficos e vasos recipientes
da história da sensibilidade
e da formação das emoções."

WILLE BOLLE

O CONCEITO DE CULTURA

Patrimônio cultural é um conjunto de bens materiais e imateriais representativos da cultura de um grupo ou de uma sociedade. Para que se entenda esse conceito e sua relação com as identidades, torna-se necessário, antes de tudo, refletir acerca do conceito de "cultura".

O senso comum identifica cultura como o domínio de certos conhecimentos e habilidades que permitem a algumas pessoas compreender e usufruir de bens ditos superiores, como obras de arte, literatura erudita, espetáculos teatrais etc. Para muitos, culto é aquele que tem informações e conhecimentos formais.

O conceito antropológico de cultura, entretanto, estende essa noção a todos os seres humanos, postulando que todos os homens são portadores de capacidades, sendo, portanto, capazes de desenvolver atividades complexas, como é o caso da linguagem. Partindo da oposição homem/natureza, é possível demonstrar que os comportamentos humanos são artificialmente produzidos e que há muito pouco de transmissão genética orientando esses comportamentos, que são apreendidos socialmente, a partir das vivências grupais.

A partir desse conceito antropológico de cultura, assim, é possível inferir que os comportamentos humanos são informados por necessidades materiais, utilitárias e também simbólicas.

Verificando isso na prática, observa-se que no interior do Ceará um camponês constrói uma casa de taipa utilizando o seu saber, elementos retirados da natureza (que estão ao seu dispor) e de acordo com as suas condições. Essa edificação satisfaz uma necessidade imediata, utilitária, de segurança e proteção contra as intempéries. Acontece que as necessidades desse trabalhador não se encerram aí. Logo no pequeno e modesto cômodo de entrada de sua casa, ele fixa retratos de sua família, ao lado de imagens do coração de Jesus e de Padre Cícero Romão Batista. Que necessidades esses artefatos preenchem? Necessidades simbólicas, de proteção contra infortúnios os mais diversos: doenças, mau-olhado ou quebrantos, etc.

Saindo do interior e buscando em Fortaleza, um grande centro urbano, um outro exemplo. Um jovem de cerca de 20 anos, de classe média, estudante da UNIFOR, usa uma tatuagem de dragão em seu corpo. Apesar de diferir radicalmente do significado que a tatuagem possui para comunidades ditas "primitivas", essa tatuagem do jovem estudante também cumpre funções ritualísticas, com forte carga de simbolismo: tem um apelo estético e serve para identificá-lo com pessoas que ele admira; serve, ainda, para situá-lo no interior de um determinado grupo. Por mais sanções que esse jovem receba, em especial dos mais velhos e conservadores, que vêm nessa tatuagem um sinal de rebeldia, ele transgride as normas e assume uma identidade, em parte conferida por esse signo.

Pelo que foi dito até aqui se conclui que a antropologia afastou o caráter elitista da noção de cultura e estendeu-o ao conjunto de ações desenvolvidas pelos seres humanos em sua busca de sobrevivência. Colocou, ainda, em pé de igualdade as necessidades utilitárias e simbólicas que orientam o comportamento humano.

Patrimônio Cultural e Desigualdades Sociais

O termo patrimônio faz remissão à propriedade de algo que pode ser deixado de herança. Acrescentando à noção de cultura, conclui-se que é um produto da cultura o que é herdado e transmitido de geração para geração. Como na noção de cultura, no conceito de patrimônio cultural também são indissociáveis as dimensões materiais e simbólicas. A UNESCO, na declaração do México, de 1982, define patrimônio cultural: "as obras de seus artistas, arquitetos, músicos, escritores e sábios, assim como as criações anônimas, surgidas da alma popular, e o conjunto de valores que dão sentido à vida".[6]

No conceito amplo de patrimônio cultural estão presentes as esferas da natureza, o meio ambiente natural onde o homem habita e transforma para sobreviver e realizar suas necessidades materiais e simbólicas, o conhecimento, as habilidades, o saber fazer humano, necessário para a construção da existência em toda sua plenitude, e os chamados bens culturais propriamente ditos, que são os produtos resultantes da ação do homem na natureza. Na primeira categoria, destaca-se o mar, de onde os pescadores tiram alimentos, para sua própria alimentação ou para comercializar, mas que ainda enxergam como sua morada, lugar de onde retiram força e coragem; a habilidade da pesca é o saber fazer aprendido, na maioria das vezes, com seus pais e familiares, e que, dependendo das circunstâncias em que vivam, será transmitido a seus filhos; por fim, temos uma jangada produzida pelas mãos do homem, através da retirada de elementos da natureza, madeira dentre outros, com a utilização dos conhecimentos que possui.

Se, do ponto de vista do conceito atual de cultura e de patrimônio cultural, percebe-se uma certa conotação democrática, isso se torna mais complexo quando se analisa a questão a partir das condições concretas da sociedade moderna, marcada por uma forte heterogeneidade e por gritantes desigualdades sociais. O resultado é o acesso diferenciado aos elementos da natureza necessários à materialização da existência, bem como às ferramentas intelectuais do saber fazer.

Tomando agora como exemplo os artefatos sacros, em que claramente estão presentes as dimensões materiais e simbólicas. O devoto católico encomenda ou compra uma imagem de São José, leva para sua casa e a instala em seu oratório ou em uma mesa qualquer. A força que ele atribui ao santo de sua devoção está para ele materializada naquela imagem de madeira, mas a própria força desse santo e sua crença estão no plano do simbólico.

Acontece que, visitando um museu de arte sacra - Museu Sacro São José de Ribamar - encontram-se imagens do mesmo São José com características e detalhes diversos, denunciando que o artesão que confeccionou essas peças tinha a seu dispor diferentes condições materiais e intelectuais para essa produção. Isso resulta em algumas peças que possuem sofisticação estilística no contorno de suas formas e na pintura que recebe, respeitando os padrões europeus, matriz dessa produção. Essas são as imagens rotuladas como "eruditas". Em um outro conjunto de imagens, há uma tentativa do artesão de representar o mesmo santo levando em consideração os atributos que o identificam (o menino Jesus nos braços, ou um lírio em uma das mãos, etc.), mas há uma liberdade maior em sua produção, levando-o a projetar no santo elementos de seu meio ou características do biótipo local. É claro que o resultado dessa produção tem a ver com as capacidades técnicas e os elementos naturais disponíveis a esse artesão, e esse outro conjunto de imagens, por sua vez, ganha a denominação de "popular".

Em uma sociedade heterogênea e desigual como a urbana/moderna torna-se visível que as relações de poder presentes atribuam valores diferenciados à produção cultural dos diversos segmentos sociais. Isso, por sua vez, tem a ver com aquilo que é tido como patrimônio cultural passível de ser legado às gerações futuras. Como conseqüência, as "criações anônimas" são, na maioria das vezes, desprezadas como de "segunda categoria", sem grandes chances de sobreviver às novas gerações. Os próprios produtores culturais dessas "criações anônimas", muitas vezes, não dão o verdadeiro valor a seus produtos, incorporando culturalmente os valores dominantes.

Isso se reflete no desprezo que as políticas públicas no Brasil têm conferido aos bens culturais de segmentos subalternos da sociedade ou das minorias étnicas e na conseqüente valorização da produção das elites. A base explicativa é a própria história do país, em que uma elite branca, informada através de valores e modelos ditos civilizados e europeus, procurou, com estratégias coercitivas explícitas ou sutis, reprimir manifestações originais provenientes dos segmentos populares. A história, longe do que muitos manuais "românticos" tentam transmitir, é permeada por tensões e conflitos, às vezes visíveis em sua dimensão bélica, mas, na maioria das vezes, manifestada de forma velada e silenciosa.

Memórias, Identidades e Patrimônio Cultural

Possuindo o patrimônio cultural uma dimensão material, que não pode ser dissociada da simbólica, vale a pena a discussão do significado da preservação desse legado cultural, para conhecimento e usufruto das gerações futuras. Torna-se fundamental enfatizar a importância desse patrimônio como suporte da história e da memória dos grupos sociais. Em outros termos, os bens patrimoniais são instrumentos importantes de identidade dos grupos sociais.

Por esse motivo, é, principalmente, da própria comunidade que deve surgir a decisão do que deve ser preservado dentre seus produtos culturais. Nesse sentido, a preservação tanto pode se dar individualmente como coletivamente, podendo os indivíduos ou os diversos grupos sociais criarem mecanismos de preservação daquilo que julgarem digno de ser preservado. Tomando alguns exemplos de ações preservacionistas partidas da própria comunidade e os limites e abrangências dessas ações:

1. Uma jovem mãe, ao nascer sua primeira filha, começou a organizar um livro de receitas culinárias que deixaria como legado à sua menina quando esta se tornasse uma mulher. Para a confecção desse livro, a senhora vasculhou na memória antigas receitas experimentadas em sua infância na mesa da antiga casa de Jacarecanga e algumas outras que conheceu com parentes ou amigas. Ao anotar as receitas, fez surgir à sua frente personagens que não mais estavam no seu convívio, situações vivenciadas com seus familiares; recuperava, com esse ato, aparentemente banal e utilitário, um universo de emoções compartilhadas com seu grupo de convívio. A filha receberia, junto com aquele "prático" livro de receitas, uma parte importante da memória familiar, fragmentos dessas emoções.

É possível que o livro feito para Ana Cecília fique restrito ao seu grupo familiar... ou não, se um dia algum museu local se interessar na preservação desses fragmentos de memória e emoção familiares de pessoas comuns, que estão presentes nessas receitas. Em todo o caso, uma ação de preservação foi com isso realizada, sem a necessidade de nenhuma política oficial, pela simples necessidade que tem a cultura e as pessoas de reelaboração constante de suas emoções. Essa é uma característica marcante da cultura e do patrimônio cultural: a produção e reelaboração de sentidos e significados. Preservar não significa congelar, mas sim um trabalho criativo de reconstrução.

2. Em Nova Olinda, um pequeno lugarejo situado na região do Cariri cearense, Sul do Estado, crianças e jovens participam de uma ação cultural de preser-

vação da memória de seu local de origem, bem como dos seus antepassados, os índios Cariri. Aprendem antigas lendas contadas pelas pessoas mais velhas do local e as repassam àqueles que os visitam. Ao mesmo tempo em que se apegam a essas histórias e lugares fantásticos, representados em desenhos e fotografias nas paredes de um modesto museu, estão conectados com o presente materializado nas tecnologias audiovisuais e nas produções em quadrinhos, onde retratam aspectos da vivência comunitária local e assuntos de interesses gerais da comunidade.

A ação de preservação do projeto Casa Grande de Nova Olinda também não pretende congelar o passado. Ao invés disso, serve de fio estimulador de ações identitárias para jovens e crianças que, reconhecendo-se enquanto cidadãos elaboram estratégias de vida presente e futura. Um projeto que se iniciou restrito à comunidade do pequeno lugarejo é hoje alvo do olhar admirado de autoridades e turistas curiosos, impressionados com a capacidade dessas pessoas de construir projetos de vida autônomos.

3. Em Fortaleza, no bairro do Pirambu, que está às vésperas de completar 40 anos de desapropriação em favor da comunidade, membros do próprio bairro criaram um centro de memória, constituído de documentos, fotografias, entrevistas orais, entre outros materiais. Essa memória salvaguardada pelos moradores é muito mais do que uma visão nostálgica do passado do lugar, mas pretende se constituir em instrumento de luta e afirmação social. Recuperando a história das tensões e conflitos que marcaram o processo de desapropriação e de construção daquele bairro, esse patrimônio poderá fornecer para os mais jovens elementos de identificação social e de compromisso com o futuro que ajudarão a construir.
   Um projeto, coordenado pelo Prof. Dr. Antônio de Pádua Santiago, procura refletir sobre a formação do bairro do Pirambu e suas experiências políticas de desapropriação no contexto das transformações urbanas de Fortaleza, além de valorizar as fontes de pesquisa e construção de identidades, propondo inclusive o seu tombamento.

A Política Oficial de Preservação do Patrimônio Cultural no Brasil

Na década de 30, como decorrência da preocupação "modernista" em conhecer e mapear as manifestações culturais brasileiras, surgiu o primeiro documento legal federal acerca da preservação do patrimônio brasileiro e o primeiro órgão federal de preservação, o Serviço do Patrimônio Histórico e Artístico Nacional (SPHAN). Apesar da proposta de Mário de Andrade, autor do anteprojeto que fundamentou essas ações, apontar para uma maior amplitude daquilo que deveria ser considerado o legado cultural brasileiro, o documento nº 25 de 1937 instituiu como patrimônio histórico e artístico nacional "o conjunto de bens móveis e imóveis existentes no país e cuja conservação seja de interesse público, quer por sua vinculação a fatos memoráveis da história do Brasil, quer por seu excepcional valor arqueológico ou etnográfico, bibliográfico ou artístico".[5]

O Brasil vivia naquele período a ditadura do Estado Novo, 1937-1945, que como ideologia política procurava construir, em especial através da utilização dos meios de comunicação de massa, como o rádio e o cinema, uma imagem de um país pacífico, de um povo ordeiro e trabalhador. Está claro que nessa construção ideológica não havia lugar para a explicitação de tensões e conflitos - a palavra de ordem era colaboração para o engrandecimento da nação.

A concepção de patrimônio do Estado Novo, apesar dos méritos que possui, inclusive por seu pioneirismo, revestiu-se de um caráter elitista, que privilegiava bens materiais dissociados de sua esfera simbólica. Em grande parte, o privilégio da maioria dos bens contemplados deveu-se a seu valor estético e arquitetônico, sendo considerados de menor importância outros aspectos. Além do mais, no que se refere aos bens de interesse histórico, há uma alusão clara a uma determinada concepção de história, dominante naquele período, que privilegiava os poderes oficiais e as elites, renegando a história das camadas populares ao silêncio e ao esquecimento.

Através do instrumento do "tombamento", a ação preservacionista do antigo SPHAN, até bem pouco tempo, recaiu sobre as edificações de indiscutível valor arquitetônico, particularmente aquelas que testemunhavam o passado colonial dito "barroco". Antes mesmo da criação do SPHAN e do decreto nº 25, a cidade de Ouro Preto, antiga Vila Rica, capital do ouro colonial, foi elevada à categoria de "monumento nacional".[7] Essa orientação produziu uma ação oficial que despreza bens significativos de outras épocas históricas, não identificados com o barroco. Além do mais, preservaram-se sobrados, casas de câmaras, igrejas e outros bens do poder público e das elites, mas desprezaram-se aqueles bens vinculados ou provenientes dos socialmente excluídos, como é o caso das senzalas.

O instrumento do tombamento ainda em vigor pressupõe que o bem a ser preservado às gerações futuras não pode ser descaracterizado e é, ainda, alvo de outras críticas constantes, em especial pelo fato de atribuir a particulares a conservação do bem tombado. A ação do poder público não recai sobre a propriedade do bem, que poderá ser alienado como qualquer outro, mas impõe restrições às reformas, as quais não poderão descaracterizar o imóvel, sob pena de punições.

O caso de Fortaleza ilustra o conteúdo dessas críticas levantadas em relação à política de preservação no Brasil. Sendo uma cidade relativamente recente, se comparada a outros centros urbanos do litoral nordestino, como Salvador e Recife, a capital do Ceará tem a maior parte de seus equipamentos urbanos edificados no século XIX, daí não possuir exemplares de arquitetura barroca. Em vista disso, por muito tempo, a cidade foi desprezada pela política preservacionista oficial, em todas as instâncias competentes, o que resultou na subtração de importantes espaços de significativo valor histórico e cultural, perdidos porque não se enquadravam no modelo estabelecido pelo SPHAN.

Mesmo com todos os limites e equívocos cometidos pela política preservacionista oficial, como foi anteriormente mencionado, o que restou do passado colonial brasileiro, em termos arquitetônicos, deve-se em grande parte ao instrumento legal do tombamento. Esse instrumento ainda é impotente e insuficiente para preservar o bem tombado, já que ele não garante as condições de conservação e manutenção, o que pode ser constatado através das condições físicas em que se encontram muitos desses exemplares de patrimônio tombado em Fortaleza.

A questão da preservação do patrimônio cultural, entretanto, está longe de ser facilmente equacionada. Mesmo se tratando do patrimônio de "pedra e cal", ou seja, o edificado, é importante lembrar que também aí existem relações conflituosas. Há interesses por parte da especulação imobiliária que, no afã da lucratividade capitalista e informada pela concepção de uma modernização selvagem, enxerga nesses bens um obstáculo para a ampliação de suas transações comerciais, ou, nos termos mais usados nos jargões comerciais, do verdadeiro caminho rumo ao "progresso".

Nos últimos anos, o conceito de patrimônio histórico e artístico foi paulatinamente sendo substituído pelo conceito mais amplo de patrimônio cultural, respondendo às demandas de setores significativos da sociedade brasileira e, ainda, consoante com a concepção antropológica de cultura.

Foi informada por essas circunstâncias que a própria Constituição Brasileira de 1988, no artigo 216, seção II - DA CULTURA, estabelece:

> *"Constituem patrimônio cultural brasileiro os bens de natureza material e imaterial, tomados individualmente ou em conjunto, portadores de referência à identidade, à ação, à memória dos diferentes grupos formadores da sociedade brasileira, nos quais se incluem: I - Formas de expressão; II - Os modos de criar, fazer e viver; III - As criações científicas, artísticas e tecnológicas; IV - As obras, objetos documentos, edificações e demais espaços destinados às manifestações artístico-culturais; V - Os conjuntos urbanos e sítios de valor histórico, paisagístico, artístico, arqueológico, paleontológico, ecológico e científico".*[3]

Complementando essa preocupação esboçada no texto constitucional, o decreto presidencial nº 3.551, de 4 de Agosto de 2000,[4] sugere mecanismos de registro do "patrimônio imaterial". Essa ação se dará através do registro nos livros:

1. "dos saberes", contemplando aqui conhecimentos, habilidades e modo de fazer;
2. "das celebrações", onde serão assinalados rituais e festas representativas para a sociedade brasileira;
3. "das formas de expressão", onde serão registradas manifestações literárias, musicais, plásticas, cênicas e lúdicas. Com essa medida, procurou-se reparar uma prática de mais de sessenta anos, que desprezou elementos significativos da cultura brasileira.[8]

Cabe ressaltar, por fim, a ação dos poderes públicos na criação e manutenção de instituições de memória, como é o caso dos museus e arquivos.

Os primeiros museus brasileiros foram criados no século XIX, consoantes com o empenho de construir e resguardar a história da nação. Está claro que a concepção de museu e de história que embasaram esses projetos, e que em alguns casos ainda embasam, era a de celebração da memória nacional, dos feitos dos grandes homens e das elites que dirigiram os destinos do país. Aos poucos, percebem-se sinais de mudanças nessa instituição que, além de renovar sua aparência física, tornando o museu um espaço mais atraente e prazeroso, também amplia o acervo, procurando contemplar elementos da cultura material de segmentos antes desprezados. Mas, em muitos casos, é possível observar que as mudanças são muitos mais aparentes do que de conteúdo, servindo o museu, ainda, como criador de estereótipos. Ainda assim, as estratégias de renovação são válidas, na medida em que ajudam a destruir a concepção quase geral de que museu é um lugar de "coisa velha".

Várias experiências, aqui mesmo em nosso Estado, têm procurado transformar o museu em um espaço dinâmico onde o público passa de espectador a sujeito do conhecimento e da cultura, materializada nos objetos ali preservados. Dentre essas novas estratégias de ação, vale ressaltar, dentre outras, que o Museu do Ceará tem sido pioneiro no desenvolvimento de ações que enfatizam o papel social e educativo do museu.

O papel dos arquivos e bibliotecas na salvaguarda e divulgação da memória documental tem sido, muitas vezes, esquecido pelas políticas oficiais de preservação. A concepção de história e o sentido de preservação que orientaram a criação dessas instituições são semelhantes ao caso dos museus, inclusive quanto ao processo recente de renovação. No entanto, é, em parte, graças ao trabalho dessas instituições que pesquisadores de diversas áreas conseguem levar adiante suas investigações, devolvendo para a sociedade, quando conseguem meios para tal, conhecimentos acerca dela própria. Mas, ainda assim, é muito limitada a ação dessas instituições, pois grande parte dos municípios cearenses não possui qualquer órgão que cumpra essa função.

Patrimônio Cultural e Turismo

É necessário deixar claro que a discussão sobre cultura e patrimônio cultural é fundamental para se pensar as condições de exercício da cidadania. Quando se fala acerca dos produtos da cultura, ou seja, do patrimônio cultural, está se tratando de parte fundamental da sociedade, de todos, de cada um em particular, nós, da alma e das emoções. Portanto, antes de se concluir pela importância do patrimônio cultural para o turismo, é fundamental o entendimento dele como condição para revelar as identidades e, ao mesmo tempo, garantir a condição de cidadãos.

O exercício da cidadania pressupõe a garantia das condições de existência digna para todos os indivíduos, bem como a contrapartida do compromisso desses indivíduos em respeitar as regras sociais necessárias para a vida coletiva. Estendendo esse conceito para o de cidadania cultural, pode-se sugerir que significa, resumidamente, o direito de produzir cultura, usufruir os produtos culturais, desde os mais elementares aos mais sofisticados, e ainda poder influir nas decisões acerca das políticas culturais.

É uma tentativa de sugerir, dentre outras coisas, que a cordialidade e receptividade cearenses, tão proclamadas pelos meios de comunicação de massa – e, admitindo assumidas pelos cearenses – não deverão impedir a denúncia dos obstáculos para o exercício da cidadania em sua forma plena e, particularmente, na cultura, o que ora é de interesse. É costume do cearense gostar de receber o outro, mostrar a sua alma e quem ele é, mas ele quer também que seja garantida, cotidianamente essa cidadania, nos vários espaços que a constituem e para os diversos grupos que formam a condição necessária para se sentir cidadãos.[2,9]

Dito isso, pode-se começar a relacionar os dois termos partindo da epígrafe que abre esse texto. Para o historiador Bolle,[1] os lugares e os objetos – poderiam ampliar esse leque a partir do conceito de patrimônio cultural – são como recipientes da história das sensibilidades e emoções. Ou seja, eles, por si mesmos, não significariam nada além de suas qualidades físicas, mas o patrimônio cultural associa materialidade e significados simbólicos. São os significados – a carga de afetividade, de conflito, de tensão, de emoção presente em monumentos, objetos, edificações, celebrações, saberes e manifestações – que verdadeiramente importam e que verdadeiramente definem o patrimônio cultural.

O turismo, além de um importante instrumento de promoção social e de dinamização econômica, é também, e principalmente, uma atividade cultural. Conhecer lugares, assistir à apresentação de manifestações artísticas, degustar pratos peculiares de cada região, compartilhar com nativos a experiência de uma feira local, é conhecer elementos que dizem respeito a pessoas e suas sensibilidades, suas normas e valores, suas emoções. É um exercício de se colocar por alguns momentos na condição do outro que experimenta cotidianamente aquilo que, aos turistas, é proporcionado fortuitamente. O que se quer quando se viaja, senão apreender o outro, aquele que recebe? Se cultura é um processo dinâmico, em que novos usos são dados aos produtos culturais, também o turismo participa desse processo.

É inegável que exista um conflito latente entre a atividade do turismo, que provoca o encontro, e as estratégias de preservação do patrimônio cultural. Se, por um lado, o turismo pode ajudar a dinamizar esse patrimônio, ou parte dele, também pode contribuir para sua descaracterização e, até mesmo, destruição. Isso é explícito no caso, por exemplo, de certos bens edificados tombados que, se visitados de forma abusiva e sem planejamento, poderão vir a sucumbir. Os exemplos são variados.

Analise-se a situação da orla marítima de Fortaleza, onde a especulação provocada pelo turismo acabou por destruir as condições de existência - portanto, de produção cultural, na sua acepção ampla - daqueles segmentos sociais que funcionaram, no início, como motivação para o turismo naquela área. Esta é uma referência aos pescadores artesanais que aparecem nos pacotes turísticos de forma romântica e bucólica, atraindo os turistas que buscam uma aproximação com formas mais simples de relacionamento com a natureza. Os hotéis, os bares e os equipamentos voltados para os turistas expulsaram os habitantes originais, desrespeitando suas condições de vida e trabalho.

Os conflitos, entretanto, não devem sugerir uma visão fatalista da situação. Não existem receitas prontas de como se deve equacionar essa relação entre turismo e patrimônio cultural, mas o pré-requisito para qualquer ação de incremento ao turismo é sua adequação às demais políticas de promoção social, econômica, cultural e política da comunidade receptora e jamais subjugá-las às exigências imperiosas do mercado. Com certeza, esse compromisso já é um meio caminho andado para o exercício da cidadania.

Referências Bibliográficas

1. BOLLE, W. Cultura, patrimônio e preservação. In: ARANTES, A. A. *Produzindo o passado*: estratégias de construção do patrimônio cultural. São Paulo: Brasiliense, 1984. p. 35-51.
2. BORZACHIELLO, J. da S. Papa e BID, Nossos melhores prefeitos. O POVO, Fortaleza: 10 março de 2002.
3. BRASIL. Constituição (1988). Constituição da República Federativa do Brasil. Brasília, DF: Senado, 1988.
4. BRASIL. Decreto nº 3.551, de 4 de agosto de 2000. Institui o registro de bens culturais de natureza imaterial que constituem patrimônio cultural brasileiro, cria o Programa Nacional do Patrimônio Imaterial. Diário Oficial da União, Brasília, DF, 4 de agosto de 2000. Disponível em: <http://www.iphan.gov.br/legislac/decreto3551.htm>. Acesso em: 08 fevereiro de 2002.
5. BRASIL. Decreto-Lei nº 25, de 30 de novembro de 1937. Organiza a proteção do patrimônio histórico e artístico nacional. Diário Oficial da União, Brasília, DF, novembro de 1937. Disponível em: <http://www.iphan.gov.br/legislac/decretolei25.htm>. Acesso em: 08 fevereiro de 2002.

6. CONFERÊNCIA MUNDIAL SOBRE AS POLÍTICAS CULTURAIS, 1982, México. Declaração do México: ICOMOS - Conselho Internacional de Monumentos e Sítios, 1982. Disponível em: <http://www.iphan.gov.br/legislac/cartaspatrimoniais/mexico-86.htm>. Acesso em: 08 fevereiro de 2002.
7. IPHAN. Coordenação de Informática-CINF/DPA. Integra o Sistema Aberto de Cultura e Informação - MINC. Apresenta bens culturais, legislação e páginas patrimoniais. Disponível em <http://www.iphan.gov.br/index.asp>. Acesso em: 08 fevereiro de 2002.
8. PATRIMÔNIO: fascículos de O POVO. Fortaleza: Ed. O POVO, fev./mar. 2002.
9. SILVA, J. B. da. *Nas trilhas da cidade*. Fortaleza: Museu do Ceará, 2001.

Capítulo 7

FESTAS, DANÇAS E FOLGUEDOS: ELEMENTOS DE IDENTIDADE LOCAL, PATRIMÔNIO IMATERIAL DO NOSSO POVO

LOURDES MACENA

"...Eu busco uma canção em que minha mãe se reconheça", e minha filha se reconheça..."

CECÍLIA MEIRELES

PATRIMÔNIO IMATERIAL COMO ELEMENTO DE IDENTIDADE FAVORECENDO A ATIVIDADE TURÍSTICA

Durante muito tempo a idéia de patrimônio cultural ficou restrita a edificações históricas, prédios, bairros, cidades e outros bens materiais, visando estabelecer um movimento de proteção a impedir que estes fossem substituídos por novas formas arquitetônicas.

Atualmente a concepção de patrimônio ampliou-se e nela foi inserido todo o legado cultural de um povo, como suas lendas, festas, folguedos, costumes, crenças, manifestações artísticas, etc., tudo o que existe como elemento essencial para o registro da memória individual e coletiva, e que possa contribuir com a formação do sentimento de pertença de uma comunidade.

Estes costumes, formas culturais imateriais, revelam a cara do povo que o produz e, quando isto se torna muito forte, vira patrimônio da comunidade, da cidade, do país, da humanidade.

As festas, costumes, danças, folguedos, histórias orais, podem servir para atrair a atenção e o interesse de muitas pessoas para conhecerem um pouco mais do lugar e destes costumes, muitas vezes, inclusive, despertando nelas um desejo íntimo de vivenciarem a festa junto com a própria comunidade. Isto é possível quando uma cidade, consciente do seu potencial, resolve, com organização e parcerias, transformar estas manifestações culturais em atrativo turístico, possibilitando, assim, oportunidades de negócios e empregos além da valorização da arte e identidade local.

Percebe-se atualmente que vários municípios cearenses buscam incentivar o turismo em suas cidades. Nesta procura têm cometido o erro de organizar festejos que dão certo em outros municípios e/ou Estados, copiando assim, uma atividade cultural que não tem nenhuma relação com o povo do lugar ou com sua história. Gastam muito para inventar algo que não existe em suas vidas. Mais fácil seria começar a observar o que canta, dança, como se expressa, como se diverte, como vive o seu povo, para daí investir naquilo que se faz mais expressivo, e, junto com a própria comunidade, possibilitar a infra-estrutura necessária para a transformação destes festejos em produto turístico.

Esta observação e constatação dos valores dos costumes espontâneos da comunidade como suas festas, crenças, religiosidade, danças e folguedos possibilita um reconhecimento daquilo que fala deles para eles mesmos, dos elementos comuns que os distinguem entre outros grupos. Estes elementos de identidade cultural favorecem um resgate da auto-estima, possibilitando um núcleo de resistência em cada um, capaz de driblar culturalmente o processo de globalização, que tenta fazer do mundo uma nação única e igual, não no que diz respeito aos direitos humanos, mas, adotando uma idéia de igualdade que só beneficia as nações que ditam as normas no momento, através do poder econômico que exercem.

O povo brasileiro é visivelmente plural. Uma nação reconhecida pela diferença entre suas grandes regiões. Para o povo nordestino é importante que sejam conhecidas as especificidades que englobam a "cearensidade". Não é mais aceitável fazer uma leitura do Ceará diante do que está publicado sobre outros Estados do Nordeste. Os profissionais e empresas do turismo têm a obrigação de incluírem na oferta de produtos do Ceará as festas, danças e folguedos que o povo do lugar faz. É inaceitável pensar em turismo cultural e turismo sustentável sem uma organização, preparação e estrutura para promover o povo do lugar e sua arte. A arte popular cearense não é só o artesanato, e, mesmo assim, nem sempre promover o artesanato significa promover o artesão.

É necessária e urgente uma política que se preocupe em valorizar principalmente o homem que faz a festa, que cuida do rito, que conta a história, que toca a viola, a rabeca, que dança no boi, que brinca no coco. Somente uma valorização significativa contribuirá para que os filhos dos seus filhos revivam e repassem a tradição, diante da mídia que invade inclusive os municípios.

Manifestações Espontâneas do Povo Cearense Promovendo o Local Frente ao Global

Os Folguedos e Danças Cearenses

Entende-se por folguedos as encenações coletivas que incluem música, dança e dramatizações, representações teatrais em suas apresentações. Normalmente, possuem número específico de brincantes, um mestre e obedecem a uma hierarquia, usam trajes, indumentária específica, têm uma estrutura complexa de personagens.

Geralmente suas exibições são solicitadas em momentos especiais da comunidade, como festas de padroeiro, casamentos, batizados, festas de produção, natalinas, juninas, etc. Nestas ocasiões organizam cortejos e apresentam sua brincadeira em praças públicas ou terreiros.

Os principais folguedos cearenses são: os Pastoris, Fandangos, Reisados, Bumbas-meu-boi, Caninha Verde, as Guerreiras, os Maracatus e as Quadrilhas. É importante destacar a presença dos Dramas e dos Congos, apesar destes serem hoje menos evidentes.

Os *Pastoris* são também conhecidos como Lapinha, principalmente em alguns municípios da região do Cariri. Pertencem ao ciclo natalino e representam a ida das pastorinhas a Belém para ver o Menino Jesus. Em sua longa caminhada encontram-se com ciganas, portuguesas, borboletas, pastores, reis magos, floristas, estrelas, etc. Dividem-se em jornadas e seu desenho coreográfico principal é sempre em colunas, formando o partido azul e o partido encarnado. É tradicional no pastoril cearense a presença da lapinha viva representando o momento do nascimento de Jesus. Os pastoris encontram-se em várias localidades cearenses desde a capital, litoral, sertão e serras.

Fandango é como os pescadores das praias do Mucuripe e Iguape chamam a brincadeira também conhecida como Marujada ou Nau Catarineta. É uma encenação representando os feitos das grandes navegações, aventuras marítimas que duraram mais de sete anos, nos quais consta uma batalha contra os Mouros. Na verdade, em diálogos cantados eles contam a grande investida dos cristãos para converter os mouros através de um batismo em alto mar. Tem como momento principal o grande episódio da Nau Catarineta e as embaixadas entre uma embarcação moura e outra cristã. Vestem-se todos de marujos. Seus principais personagens são: o Capitão, o General, o Gajeiro, o Piloto, o Cozinheiro, o Vassoura, os Marujos, etc. Sua encenação é feita em volta de uma barca construída pelos participantes da brincadeira com varas de madeira, barro e palha imitando uma pequena galera. Geralmente sua apresentação ocorre durante os festejos em louvor a São Pedro, o protetor dos homens do mar.

O *Reisado* originou-se do costume europeu de celebrar a visita dos três Reis Magos ao Menino Deus. No Ceará, ele sofre uma reinterpretação, recebendo acréscimos a partir de como a comunidade percebia a história cristã. Para o povo cearense, esta brincadeira evoca as histórias dos gladiadores romanos, da perseguição aos cristãos e aos Reis Magos. Na parte alusiva aos gladiadores são travados vários combates com espadas (embaixadas). A brincadeira sempre começa com um cortejo pelas ruas, saudação aos presentes e pedido de licença. Todas as partes do auto se desenvolvem através de diálogos cantados, declamações puxadas pelo mestre e dramatizações. O cearense também criou vários tipos de reisado.

Segundo Osvald Barroso,[1] existem os Reis de Congo, Reis de Careta, Reis de Caboclo, Reis de Baile. Apesar de diferenças de acordo com cada modalidade existe o elo comum principal que o caracteriza como Reisado de acordo com as características apresentadas. É um dos mais ricos folguedos do Ceará. Sua indumentária é belíssima, toda acetinada com lantejoulas, pedrarias, espelhos, vidrilhos, areia prateada e muitas fitas de cetim. Neste folguedo ocorre um sincretismo com a brincadeira do bumba-meu-boi, na qual se percebe a presença de vários personagens deste como o boi, o jaraguá, a burrinha, etc. São personagens do Reisado: o Rei, Embaixadores, Guias, Bandeirinhas (crianças), Caretas, Mateus e os Guerreiros. Seus entremeios mais comuns são (além dos personagens do boi já citados): o Sapo, a Alma e São Miguel, o Italiano, o Diabo, Seu Anastácio, etc.

O *Bumba-meu-boi* é um dos mais populares folguedos do Nordeste, que se espalhou por todo o nosso país. Acredita-se ter se desenvolvido durante o ciclo do gado, principalmente em áreas pastoris. No Ceará ele é brincadeira de terreiro em tempo de festa da comunidade. Nossa indumentária é simples, predominando as estamparias nos vestidos das damas, as cores vermelho e azul nos cordões de galantes que garantem as dançadas, o bailado coreográfico principal. Temos ainda o cordão de índios, presença importante entre os caboclos cearenses, os Mateus ou Caretas, o Vaqueiro, a Catirina e o Capitão. A brincadeira tem ainda os personagens animais como: o Boi, a Burrinha, o Jaraguá, o Bode, o Caipora, o Urubu, o Babau, o Caboré, a Ema, etc.

Do enredo do auto[3] consta a história de um boi famoso muito prestigiado por seu dono (geralmente o Capitão), que contrata um vaqueiro para cuidar deste. A Catirina, mulher (geralmente um homem vestido de mulher) do Vaqueiro, estando grávida, deseja comer a língua do boi mencionado. Os Mateus (personagens livres de partes fixas) entram na brincadeira criando e recriando partes cômicas. Surgem os personagens animais que geralmente encantam crianças e adultos. No desenvolvimento do folguedo o boi morre, suas partes são divididas e, logo após, através de pajelança ou outros artifícios (aplicação de um clister representado por um menino no traseiro do boi), este ressuscita para alegria geral.

A *Caninha Verde* é de origem portuguesa, nativa da região do Minho, onde se falava de uma bebidinha popular feito das vinhas verdes. Trazida para o Brasil através do colonizador, sofreu uma reinterpretação durante o período da cana-de-açúcar, quando o povo foi associando a brincadeira ao pé de cana, seu cultivo e sua importância na época para o povo.

O Ceará possui hoje, comprovadamente, a maior parte do que ficou deste folguedo em solo brasileiro. Somente aqui os personagens vestem-se de verde e amarelo, sendo que o modelo do traje masculino ainda se reporta aos portugueses do período colonial. Sua indumentária toda acetinada é rica em enfeites, tendo chapéus adornados com pedrarias e plumas.

A Caninha Verde cearense é um cordão carnavalesco, sendo dançada no Mucuripe e em Iguape. Seu enredo fala de um pedido de casamento na antiga corte medieval tendo como personagens o Rei, os Vassalos, os Noivos, a família dos noivos, o Padre, o Sacristão e os Mestres. É importante destacar que, apesar da representação cantada do pedido de casamento, este folguedo nada tem com aspectos juninos, como alguns já escreveram erroneamente. A caninha tem um cancioneiro alegre e usa instrumentos como violão, cavaquinho, bandolim, surdo, pandeiro.

O *Maracatu* é visto hoje como a mais bela e autêntica manifestação do carnaval cearense. No entanto, é necessário ver este folguedo como uma manifestação surgida a partir dos antigos séquitos negros que acompanhavam os reis do Congo, tendo o Ceará registro da presença desta manifestação a partir do final do século XIX, apesar da divulgação deste só acontecer após sua entrada no carnaval oficial fortalezense em 1936, através da participação do Maracatu Az de Ouro.

O Maracatu cearense é formado por um cortejo composto por Rainhas, Reis, Embaixadores, Damas do paço, Batuqueiros, Pretos-velhos e Índios. O ritmo dolente e cadenciado tradicionalmente é marcado por triângulos, zabumbas, caixas, surdos e chocalhos (gonguê).

É Rosemberg Cariri,[2] cineasta cearense, quem melhor apresenta o nosso Maracatu quando diz:

> *"No Ceará, o Maracatu, folia de gente pobre e mestiça, apresenta-se como um cordão carnavalesco. Os pardos, os morenos, os caboclos, os sararás, pintam-se de negro, usando tisna misturada à vaselina. É esse brilho de falso negrume e de selvagem poesia que influenciou toda uma geração de compositores como Ednardo, Nonato Luíz, Petrúcio Maia, Calé Alencar, Dilson Pinheiro e Pingo de Fortaleza entre outros. (sic) A Coroação da rainha reveste-se do simbolismo da continuidade da luta pela conquista da liberdade. O Maracatu cearense é um espelho da nossa beleza e da nossa miséria, da nossa busca de identidade e das nossas imensas contradições."*

Além dos folguedos apresentados o Ceará dispõe ainda de imenso acervo imaterial, como as Danças Maneiro Pau, Coco, Pau-de-Fitas, Quadrilha, Torém; as lendas da mandioca, do algodão, do milho, da carnaúba, da sereia encantada de Jericoacoara, os duendes de Almofala; as rondas infantis, brincos e brincadeiras, as histórias de faz-de-conta, uma infinidade de crenças e costumes que falam deste povo caboclo que somos. É urgente e necessário que cada município se empenhe em redescobrir este seu universo particular para poder falar ao visitante, ao turista, o encanto de sua verdadeira história, e através de organização e parcerias estabelecer o que for mais expressivo para comercializar a imagem do lugar numa busca constante para favorecer a melhoria deste povo.

As Festas Populares

As festas devocionais que celebram a vida dos santos constituem-se num dos principais atrativos turísticos no Brasil, sendo hoje grande motor do turismo nacional. Esta afirmativa serve para ressaltar a grande importância do estudo das festas folclóricas religiosas e/ou profanas, buscando, com isto, o reconhecimento de seus símbolos e características para incentivar seu possível uso no turismo.

Festas populares cearenses: importância para a atividade turística

As festas populares são importantíssimas na atividade turística, pois possibilitam um encontro com a realidade cultural da comunidade visitada em seus aspectos ecológicos, históricos, estéticos, religiosos, econômicos, sociais e políticos, além de funcionar como atrativo complementar ou principal em períodos distintos, como, por exemplo, durante a baixa estação, podendo, provavelmente, serem estas motivadoras do deslocamento de pessoas durante este período de menor fluxo interferindo, de forma positiva, na sazonalidade turística.

Possivelmente, o não uso de festas populares tradicionais como atrativo na atividade turística em nossa capital deve-se ao fato do não conhecimento das mesmas por uma boa parte dos gestores de agências de turismo.

Apresenta-se a seguir o Calendário das Festas Tradicionais Cearenses baseado em Seraine, no calendário de eventos da Secretaria da Cultura da década de 80, no senso cultural da década de 90, com alguns acréscimos nossos.[4,5]

Janeiro

- Festas do Ciclo Natalino, que vai até o dia de Reis, em quase todo o Estado, quando se observa a presença de Lapinhas, Bumba-meu-boi, Reisados.
- 4, 5 e 6 - Pedido de Reis festivo (tiração de reis, folia de reis), em Fortaleza e outras cidades.
- 20 - Festa de São Sebastião, em Acaraú e em vários municípios como: Apuiarés, Acaraú, Ipu, Monsenhor Tabosa, Mulungu, Nova Olinda e

Pedra Branca. Em Fortaleza, na Barra do Ceará, é feita uma procissão e um desfile de canoas conduzindo a imagem de São Sebastião. Esta festa marca também a chegada de Martins Soares Moreno que, em 1612, esteve no local.

- 28 - Festa de São Gonçalo do Amarante, padroeiro de Jaguaribara. Brinca-se a típica dança de São Gonçalo.

Fevereiro

- 2 - Festa de Nossa Senhora das Candeias, padroeira de Jaguaribe e muito venerada em Juazeiro do Norte, onde acontecem missas, procissões, grandes romarias e apresentações folclóricas.

- Carnaval de rua em Fortaleza, com Maracatus, blocos de sujos, cordões e outros aspectos folclóricos.Atualmente o corso da capital acontece na rua Domingos Olímpio.

Março

- Carnaval de rua, que pode cair também neste mês.

- 19 - Dia de São José. Procissão para agradecer e pedir chuvas em quase todo o Estado. Na capital acontece o terço do Siqueira com novenário, procissão, quermesse, leilão e etc.

Abril

- Comemorações da Semana Santa (festa móvel) com usos e costumes relacionados à páscoa, encenações da Paixão de Cristo, malhação do Judas, apresentação de teatro de bonecos, etc.

- 5 - Festa de São Vicente Ferrer, padroeiro de Lavras da Mangabeira.

- 23 - Festa de São Jorge (Ogum). Procissão muito concorrida; outras comemorações umbandistas foram registradas na década de 70 pelo autor.

Maio

- 1 - Festival de Violeiros de Camocim (em 2001 foi o XIII).

- 13 - Festa de Nossa Senhora de Fátima, com procissão que sai da igreja de N. Sra. Do Carmo e segue até a igreja de Fátima, na 13 de Maio, onde se realiza missa campal.

- 13 - Desfile de Maracatus na praça do Ferreira ou em ruas preestabelecidas previamente marcando o dia do Maracatu.

- 21 - Festa de Pentecostes. Comemora-se o dia do Espírito Santo, padroeiro de Morada Nova. Na ocasião são feitas as tradicionais vaquejadas daquele município.

- 22 - Festa de Santa Quitéria, padroeira do município de mesmo nome.

- 25 - Festa de São Benedito em Fortaleza e São Benedito. Tradicional novenário, quermesse, etc., na igreja de São Benedito.

Junho

- 1 a 30 - Festivais de quadrilha organizados pela comunidade em bairros diversos da capital e sob a fiscalização da federação dos quadrilheiros. No ano 2001 oficializaram-se na federação 46 festivais em todo o Estado. O governo do Estado e a prefeitura organizam também dois grandes festivais de quadrilha, sendo estes dois prêmios os mais perseguidos pelos participantes.

- 13 - Festa de Santo Antônio em várias localidades, como: Barro, Cariré, Jardim, Quixeramobim, Barbalha, Santo Antonio do Aracati (com grande vaquejada) e Caridade. Na verdade a festa de Santo Antônio antigamente marcava o inicio das festas juninas, que se seguiam até o final do mês de junho com a festa de São Pedro. Hoje, com a grande quantidade de festivais, algumas comunidades começam seus festejos já no início do mês de junho.

- 13 - Festa do pau da bandeira, nome popular dado pelo povo de Barbalha à festa de Santo Antônio, padroeiro do município, com grande presença de reisados, bandas cabaçais, dramas e outras manifestações folclóricas. O ponto ápice da festa é a instalação de um grande mastro à frente da igreja matriz com a bandeira do santo. Diz a crença popular que a moça que obtiver um pedacinho do pau da bandeira do santo pode arranjar um bom esposo.

- Festa do chitão. Acontece geralmente no segundo sábado de junho em Baturité.

- 21 - Festa de São Luís Gonzaga, padroeiro de Irauçuba.

- 23 e 24 - Festa de São João em todo o Estado. É a maior de todas as festas juninas, com comidas típicas, danças e ritmos locais e a tradicional quadrilha.

- 25 - Festa de São Luís Gonzaga, padroeiro de São Luís do Choro.
- 29 - Festa no Iguape e outros lugares no litoral, com exibição de folguedos folclóricos.
- 29 - Festa de São Pedro, padroeiro de Ibiapina, Caririaçu e Parambu. É festejada também em todo o Estado, com fogueiras, quadrilhas, comidas típicas. Em Fortaleza, ocorre a procissão marítima dos pescadores, na Beira-mar e Mucuripe, quando na ocasião se dança o coco de praia. No Iguape os pescadores encenam a Nau Catarineta (Fandango).

Julho

- Término da festa de Nossa Senhora do Livramento em Parazinho (município de Granja), tradicional e muito concorrida, com novenário e procissão. Começa em 22 de junho.
- 2ª semana - Vaquejada regional do Nordeste, em Juazeiro do Norte. Além das festas, ocorrem concursos de aboios e de cantorias.
- 16 - Festa de Nossa Senhora do Carmo, padroeira de Jucás e Pacatuba. Em Fortaleza acontecem novenários na Igreja do Carmo.
- Festas de Nossa Senhora de Sant'Ana, nos municípios em que é padroeira: Iguatu, Jaguaruana, Jati, Mocambo, Paramoti, Santana do Acaraú, Santana do Cariri e Tianguá.
- Último domingo - Festa do Sagrado Coração de Jesus, em Brejo Santo.
- Datas móveis - Regata de canoas em Camocim.

Agosto

- 8 - Festa de Nossa Senhora Auxiliadora, padroeira de Cariús e Carnaubal.
- 15 - Festa de Nossa Senhora da Assunção, padroeira da cidade de Fortaleza e Viçosa. Festa de Iemanjá, com o comparecimento de milhares de pessoas à praia do Futuro (Fortaleza), para os rituais de origem afro. Neste dia também se realiza a festa de Nossa Senhora do Perpétuo Socorro, padroeira de Massapê e Reriutaba; festa de Nossa Senhora da Palma, padroeira de Baturité; festa de Nossa Senhora dos prazeres, padroeira de Caucaia; festa de Nossa Senhora dos Milagres, padroeira de Milagres; festa de Nossa Senhora da Glória, padroeira de

Mombaça; festa de Nossa Senhora das Medalhas, padroeira de Nova Russas; festa de Nossa Senhora dos Navegantes, padroeira de Meruoca.

- 22 - Festa do Sagrado Coração de Maria, padroeira de Morrinhos.
- 29 - Festa de Nossa Senhora da Saúde, em Fortaleza. Dura até 8 de setembro, com procissões e quermesses.
- 31 - Festa de São Raimundo Nonato, padroeiro de Várzea Alegre.
- Datas Móveis - Regata de Jangada Dragão do Mar: competição anual dos jangadeiros cearenses.

Setembro

- 1 - Festa de Nossa Senhora da Penha, padroeira do Crato e de Nossa Senhora do Perpétuo Socorro, padroeira de Orós.
- 4 - Festa do Sagrado Coração de Jesus, padroeiro de Piquet Carneiro e de Nossa Senhora da Saúde, padroeira de Penaforte.
- 08 - Festa de Nossa Senhora de Nazaré, padroeira de Capistrano; Nossa Senhora da Saúde, padroeira de Frecheirinha; Nossa Senhora da Penha, padroeira de Maranguape; Nossa Senhora das Brotas, padroeira de Tabuleiro do Norte.
- 15 - Festa de Nossa Senhora da Piedade, padroeira de Coreaú; Nossa Senhora das Dores, padroeira de Juazeiro do Norte (segunda maior romaria no município) e também padroeira de Senador Pompeu.
- 19 - Vaquejada de Itapebussu (Maranguape), durante a festa de São Miguel, padroeiro do distrito.
- 22 - Festa de Nossa Senhora do Amparo, padroeira de Senador Sá.
- 24 - Festa de Nossa Senhora das Mercês, padroeira de Itapipoca.
- 27 - Festa de São Cosme e Damião, padroeiros de Pereiro. Na capital e em outros municípios ocorrem festejos em todos os terreiros de umbanda, tendo as crianças como convidadas especiais.
- Início dos novenários das festas de São Francisco das Chagas, em Canindé e Fortaleza.

Outubro

- 3 - Festa de Santa Terezinha, em Iguape, onde se dança o coco e a caninha verde.
- 4 - Festa de São Francisco de Assis, padroeiro de Novo Oriente.
- 7 - Festa de Nossa Senhora do Rosário, em cidades onde é padroeira, como Russas, General Sampaio, Groairas e Tauá. Em Aracati, esta santa é festejada no dia seguinte.
- 17 - Festa de São Francisco de Assis, padroeiro de Palmácia.
- Datas móveis - Encontro de cantadores e violeiros do Ceará, em Fortaleza, no Pirambu. Regata de jangadas em Aracati.

Novembro

- 1 e 2 - Festa de Padre Cícero, em Juazeiro do Norte, quando ocorre a maior romaria àquele município, durante o dia dos romeiros (1) e dia dos Finados (2). Cantorias, feiras, reisados, bandas cabaçais, etc.
- 16 - Festa de São Gonçalo, padroeiro do município de São Gonçalo do Amarante. A dança tradicional que tem o nome do santo é feita também em outros municípios cearenses e em outras ocasiões.
- 17 - Festa de São Miguel, padroeiro da cidade de Marco.
- Data móvel - Festa do Caju em Fortaleza e Pacajus.

Dezembro

- 1 - Festival de bandas cabaçais de Juazeiro do Norte reunindo grupos de vários Estados do Nordeste.
- 8 - Festa de Nossa Senhora da Conceição nos municípios em que é padroeira: Acaraú, Sobral, Redenção, Quixeré, Porteiras, Pentecoste, Palhano, Pacoti, Pacatuba, Aracoiaba, Bela Cruz, Boa Viagem, Cascavel, Farias Brito, Guaramiranga, Hidrolândia, Independência, Ipaumirim, Ipueiras, Iracema, Itapiúna, Jaguaretama, Limoeiro do Norte, Martinópole, Mauriti, Meruoca, Moraújo e Pacajus. Corresponde também ao dia de Oxum no Ceará e, portanto, ocorrem festas nos terreiros de umbanda e candomblé.
- 22 - Festa de São Francisco de Paula, padroeiro de Aratuba.

- 23 - Início das festas do Ciclo Natalino: apresentações de boi no Mucuripe, Pirambu, Tyrol, e em vários municípios do Estado; festa dos Caboclos, em Parangaba, onde ocorre grande procissão. A festa tem início em outubro e sua chegada acontece neste dia.
- 24 - Festa de Natal. Ocorre a tradicional missa do galo, pastoris, reisados, bois, lapinhas, etc.
- 25 - Festa do Menino Deus, padroeiro de Itatira.
- 31 - Festa de Nossa Senhora dos Remédios, padroeira de Paracuru; festa do Senhor do Bonfim, em Icó.

O turismo no Ceará tem estruturado o seu planejamento, principalmente nestes últimos vinte anos, excluindo a presença de várias manifestações espontâneas do povo, como a não participação dos vários folguedos citados em atividades turísticas, com exceção do Maracatu, como também a exclusão de várias festas religiosas e/ou profanas como o Terço do Siqueira na devoção a São José, a festa de São Pedro no Mucuripe, a festa de Iemanjá na praia do Futuro e a festa da Coroa na chegado dos caboclos em Parangaba.

Talvez seja o momento de se permitir um reconhecimento de várias expressões populares cearenses que acontecem anualmente e que por falta, talvez, de uma compreensão de sua importância como patrimônio imaterial do nosso Estado, estejam acontecendo sem apoio e sem o aproveitamento devido dos órgãos governamentais.

Glossário

- **Auto:** forma teatral de enredo popular com bailes, cantos, segundo Câmara Cascudo.
- **Brincante:** aquele que participa da dança, do folguedo, da brincadeira.
- **Festas de produção:** feitas para comemorar colheitas específicas como a festa do caju, da laranja, do milho, etc.
- **Festas juninas:** alusivas aos três santos do mês de junho em comemoração à colheita.
- **Tiragem de Reis, Folia de Reis:** grupo musical que sai de porta em porta pedindo donativos para os Santos Reis. Atualmente consiste mais numa brincadeira profana entre um grupo de amigos.

Referências Bibliográficas

1. BARROSO, O. *Reis de Congo*. Fortaleza: Editora Gráfica Vt, 1997.
2. CARIRI, R. *Maracatus e batuques*, 2000. Encarte CD.
3. CASCUDO, L. da C. *Dicionário do folclore brasileiro*. 9ª ed. rev. atual. São Paulo: Global, 2000.
4. CEARÁ. Secretaria da Cultura e Desporto. Eventos Culturais, Fortaleza, 1985.
5. SERAINE, F. *Folclore brasileiro - Ceará*. Fortaleza: FUNARTE, 1978.

Capítulo 8

SOCIEDADE CEARENSE, HISTÓRIA E TURISMO, ALÉM DO SOL E DO MAR

GLEUDSON PASSOS CARDOSO

HISTÓRIA E TURISMO

Certa vez estava em sala de aula, sexta-feira à noite, aproximadamente 21h50min, quando um funcionário do Centro de Ciências Humanas da UNIFOR me deu o seguinte recado: "Sua companheira ligou para a secretaria, disse que após o lançamento do livro estaria lhe esperando na praça atrás do Museu do Ceará, ela e sua filha".

Lembro-me com muita clareza o ímpeto com que cancelei aquela aula. Afinal, imaginei mulher e filha de oito meses de idade a sós, indefesas na Praça dos Leões, centro histórico de Fortaleza, após o lançamento do livro *Campos de concentração no Ceará*, acompanhadas apenas dos homens, mulheres e das criaturas da noite. Sai às pressas, com a velocidade do carro marcando acima do permitido em tráfego urbano. No velho Centro, ao chegar, parei ao lado do Museu. E daquele dia em diante, até hoje trago na memória esta lírica lembrança: meus amigos e amigas do tempo de faculdade, juntamente com alguns professores do Curso de História da UFC, estudantes, familiares da autora, enfim uma roda de pessoas cantando valsinhas, tocando violão, recitando poesia, evocando a lira ébria dionisíaca, a chacotear uns com os outros. Num ar singelo, todos pareciam estar como se fossem atores de um filme sublime e mimoso. Havia algumas pessoas na praça além dos nostálgicos, sem dúvida, mas, com seus olhares perdidos na escuridão, os verdadeiros moradores do antigo Largo do Rosário apenas observavam a novidade dos estranhos que ali estavam.

Hoje, ao refletir sobre aquele episódio, duas formas de experiência tem inquietado meus debates nas aulas de História, sobretudo quanto à natureza do conhecimento histórico perante a realidade da atividade turística no Ceará. A primeira, diz respeito à imagem que foi construída sobre certos logradouros, costumes, práticas e tipos sociais. A outra, reporta-se ao uso dos espaços físico-urbanos, rurais e naturais do território local.

É conflitante para qualquer indivíduo saber que a Praça dos Leões, um importante espaço urbano da capital cearense, que poderia estampar a beleza neoclássica de sua estatuária e paisagismo num cartão-postal, convive com o problema da insegurança (que se afirma sobre a área total do Centro), do esvaziamento da referência social e até da falta de higiene, pois o perfume do lugar é o dos dejetos humanos existentes sobre o mausoléu do Gal. Tibúrcio, herói cearense na Guerra do Paraguai. É dorido saber que os cidadãos de Fortaleza não freqüentam e muitos até nem conhecem o local, principalmente porque boa parte dos investimentos urbanos realizados pelos órgãos públicos municipais estão voltados para as obras fantasiosas e faraônicas, por exemplo, o aterro na Praia de Iracema. É lamentável ver a grande maioria das agências de viagem desta capital alimentar o preconceito urbano e social sobre o patrimônio histórico e edificado do Centro, bem como a ojeriza aos comportamentos sociais que cotidianamente vivem naquele espaço. E o que é mais apocalíptico: ver que nós, professores, estudantes, operadores, gestores, pessoas esclarecidas que investem no conhecimento científico e na produção econômica, continuamos a reproduzir o preconceito, a indiferença, a falta de vontade para mudar tal situação.

Desta feita, no presente texto tenho como objetivos aproximar o conhecimento histórico da atividade turística, a considerar as manifestações do patrimônio cultural, a história do Ceará e a possibilidade de um turismo sustentável na realidade local como elementos essenciais para a preservação patrimonial e o exercício pleno dos direitos sociais, políticos e civis[2]. Ao conhecer a história, suponha-se que o habitante local terá a dimensão das relações históricas de poder que o configuraram enquanto sujeito social, sendo que este alimentará o senso para a preservação das características histórico-culturais da região, bem como ainda poderá criar formas de organização e intervenção na distribuição das riquezas produzidas nas relações econômicas, em que se encontra a atividade turística. Assim, um sítio situado em um município histórico como Baturité, uma casa de pescador no Camocim, uma turma de estudantes secundaristas da periferia fortalezense, enfim, destas três modestas realidades pode-se conciliar o conhecimento histórico e o turismo. Se houver bom planejamento, recebimento de recursos e investimentos necessários, podem ser gerados destes exemplos um pequeno hotel-fazenda, hotelaria doméstica e a formação de futuros guias turísticos.

Indubitavelmente, é um campo novo, algo a empreender, um projeto de médio ou longo prazo que exige criatividade, qualificação e planejamento. Mas, a partir de pequenos recursos, investindo no pequeno negócio do morador da serra, ele próprio, com instrumental técnico e teórico, poderá apresentar aos seus visitantes os prédios antigos, as matas, a gastronomia, o artesanato e festas típicas da sua região, possibilitando ainda a circulação de capital no lugar, gerando serviços, fazendo as riquezas circularem. Da mesma forma poderá ocorrer com aquele pescador que alugaria parte da sua casa a uma família estrangeira, utilizaria parte do seu quintal como área de *camping* àqueles visitantes mais despojados, surfistas ou mochileiros, podendo também sua esposa comercializar pratos da culinária litorânea por um preço bem mais acessível. Quanto à turma de alunos da periferia outrora citada, um ou outro poderia trocar o ócio ou sedução das atividades criminosas pelo seu pacote turístico-cultural que ofereceria aos hotéis, agências e escolas, visitando museus, prédios e aparelhos urbanos históricos, realizando assim um trabalho digno e autônomo. Para que estas hipóteses se tornem uma possível realidade social é indispensável a participação dos bacharéis em turismo, ou turismólogos, no sentido de esclarecer à comunidade, aos comerciantes e administradores locais (secretários, prefeitos) a importância do planejamento nas atividades e investimentos turísticos.

A considerar tais vislumbres como possibilidades reais, as linhas do texto a seguir se propõem a apresentar alguns aspectos relevantes da história do Ceará, a fim de apresentar os conteúdos históricos de forma simples, pictórica e crítica, tornando o turismo uma prática social deleitosa, possível de ser experimentada por qualquer indivíduo, morador, visitante, empreendedor, estudantes, famílias, etc. É sugestão do autor que os leitores deste estudo se permitam navegar pela imaginação histórica, seja com a lembrança ou uma provável observação *in loco* das manifestações socioculturais ou dos espaços naturais e urbanos aqui mencionados.

Das Primeiras Tentativas de Ocupação

Antes da chegada dos europeus colonizadores, o território que se concebe hoje como sendo o Ceará tinha suas serras, praias e sertões habitados por dezenas de nações indígenas, como os canindés, genipapos, jucás, candadus, cariris, janduis, paiacus, tremembés, pitaguaris, dentre outras. Esses povos viviam basicamente da caça, pesca e coleta de frutas. Já conheciam o artesanato com barro, cipó, penas e suas técnicas eram rústicas e mantinham relação harmônica com a natureza. As tribos eram guerreiras, lutavam em geral pela ampliação dos domínios territoriais de seu povo. Eram organizadas em hierarquias religiosas e militares (pajés, caciques) e sua economia baseava-se na propriedade comunal dos meios de produção, ou seja, o que se colhia, pescava ou caçava era o que todos igualmente comeriam. Com a chegada dos invasores europeus, essa realidade foi mudando à medida em que as expedições exploradoras foram reconhecendo a costa brasileira.

Aos poucos, sob duras batalhas militares com os povos nativos, as terras cearenses submeteram-se à atividade colonizadora portuguesa, efetivamente no início do século XVII. Contudo, segundo a análise de alguns historiadores, a futura capitania do Siará-Grande já havia recebido a visita das caravelas hispânicas, como a expedição do capitão Vicente Pinzón, aproximadamente em fevereiro de 1500, que inspecionou esta região disputada pelos reinos de Portugal e Espanha na era das Grandes Navegações.[4]

Os espanhóis, por exemplo, nada deixaram de concreto em termos de atividade econômica ou povoamento fixo. Existem apenas alguns registros remotos de que fixaram um cruzeiro próximo à baía do Mucuripe, segundo o historiador Raimundo Girão,[4] (hoje estaria entre a praia do Náutico e a Volta da Jurema, em Fortaleza), a qual denominaram *Rostro Hermoso*. Há também hipóteses quanto à tentativa de instalação de um pequeno forte nas imediações dos municípios de Fortim e Aracati, na costa sudeste do litoral cearense. Naquele período de disputas contra piratas e outros reinos navegadores como Holanda, Inglaterra, França, para garantir a atividade exploratória e combater a resistência dos povos nativos, os colonizadores portugueses investiram numa forma de construção muito semelhante à sua experiência militar dos tempos medievais. Neste sentido, a existência dos fortes foi marcante nos primeiros anos da colonização do Brasil, os quais hoje podem ser vistos em cidades históricas como Salvador, Recife, Natal, Rio de Janeiro, Fortaleza, dentre outras.

As Fortificações

As tentativas de ocupação dos colonizadores europeus no Ceará deram-se de duas formas: pelo litoral e pelo sertão; respectivamente, as fortificações e a atividade pecuarista.

Após cem anos da chegada oficial das caravelas de Cabral em Porto Seguro, foi na Barra do Rio Ceará que se instalaram as três primeiras fortificações. Aproximadamente entre 1603 e 1605, Pero Coelho de Sousa e sua expedição, que tinham como objetivo anterior patrulhar o rio Jaguaribe, fundaram ali o Forte de São Tiago. Ao redor desse forte foi-se aglomerando um remoto povoado de colonos, aventureiros e caboclos, batizado de Nova Lisboa. Pero Coelho tinha ordens para inspecionar a costa cearense, impedir a ameaça de invasão por piratas franceses e garantir a fixação da atividade colonizadora, por exemplo, a exploração da madeira. Logo sua expedição percebeu que não havia abundância do cobiçado pau-brasil, ao contrário de outras partes do litoral brasileiro, bem como aquela região característica por longas cadeias de dunas não oferecia solo adequado à atividade açucareira. Porém, ao vislumbrarem ao longe as serras da Ibiapaba, Maranguape e o maciço de Baturité acreditaram existir a possibilidade de algum atrativo explorador, como o extrativismo de pedras preciosas e metais valiosos. Essa empreitada colonizadora não durou muito. Além da resistência das nações indígenas, uma forte estiagem comprometeu as poucas reses, criações de caprinos e suínos e as pequenas lavouras que ali resistiam.

A segunda expedição enviada foi a de Martim Soares Moreno, o "guerreiro branco" imortalizado na obra de José de Alencar, "Iracema". Em 1612, o fortim de Pero Coelho foi reerguido com um outro nome, São Sebastião, e a comunidade que timidamente crescia ali rebatizada de Nossa Senhora do Amparo. Neste período, Soares Moreno conseguiu estabelecer paz entre os interesses dos colonos e os dos povos indígenas, pacificando conflitos das tribos, o que fez o colonizador experimentar um momento de paz entre as duas realidades socioculturais. Com esta expedição os portugueses já acreditavam na possibilidade de uma grande armada estrangeira a ameaçar o seu império na Colônia, o que fez perceberem a importância da capitania do Siará-Grande como um ponto estratégico entre as capitanias do litoral a noroeste (PI, MA, PA) e a sudeste (PE, BA, RJ). Mas, em 1637, Soares Moreno precisou retirar-se do Forte de São Sebastião, a fim de combater os holandeses que invadiram e tomaram Pernambuco. Pouco após a sua saída, uma tropa holandesa tomou o forte na Barra do Ceará. Nesta primeira tentativa, os holandeses ficaram por pouco tempo, pois em uma certa noite de 1644, as nações indígenas oriundas daquela região, resistindo aos maus tratos e à imposição desta nova colonização, rebelaram-se contra os invasores, destruindo a fortificação, exterminando os opressores que se instalaram naquele local.

Por conta da resistência nativa, a capitania do Siará-Grande ficou um bom período sem a presença de um ou outro invasor europeu. Até que, cinco anos depois da queda dos holandeses aos índios na barra do rio Ceará, uma expedição liderada pelo capitão Matias Beck decidiu retomar a capitania e afirmar o domínio da Holanda neste território. Contudo, foi descartada a possibilidade de se instalar novamente no rio Ceará, por temer outra violenta reação nativa. Decidiu então fixar campo militar no monte *Marajaitiba*, próximo ao riacho Pajeú, que ficava entre a bacia dos rios Ceará, Cocó e Pacoti. Ali começou a ser erguido o Forte de Schoonenborch (hoje 10ª região militar de Fortaleza), que teve o monte como ponto estratégico para observar tanto as ameaças vindas do litoral (portugueses e outros piratas), quanto as já existentes naquele território (os índios). Outro aspecto que favoreceu a fixação da expedição holandesa foi à possibilidade de um fácil aportamento no final da enseada do Mucuripe, próximo ao lugar onde foi instalada a Ponte dos Ingleses no começo do século XX, hoje ponto de visita na Praia de Iracema.

Entre os anos de 1649 e 1654, as tropas de Matias Beck dirigiram-se sucessivas vezes às serras da Taquara e Maranguape, sempre retornando desacreditadas, pois lá não existiam pedras ou metais preciosos, como vislumbraram os portugueses desde a primeira tentativa de ocupação do território. O insucesso com as minas da Taquara e a distância em relação à sede do governo de Nassau em Pernambuco, começaram a comprometer a colonização holandesa no Ceará. A escassez de alimentos, munição e de apoio àquela expedição, juntamente com os sucessivos ataques indígenas, deixaram os holandeses à mercê da retomada portuguesa, sem oferecer alguma resistência. Rendidos pelo capitão Manoel Álvares de Azevedo Barreto, alguns holandeses foram banidos do Ceará, outros se refugiaram nas serras. O forte teve o seu nome Schoonenborch modificado para Nossa Senhora d'Assunção, onde ao longo dos anos foi se aglomerando um pequeno povoado, constituído de militares, jesuítas, colonos, caboclos e índios catequizados. A lavoura de subsistência (milho, feijão, arroz, mandioca), um pequeno número de reses bovinas, gado caprino, porcos, e outros animais da fauna local (raposas, preás, periquitos) fizeram parte da vida material dos primeiros colonos no lugar que séculos após daria origem à cidade de Fortaleza.

Após a tomada definitiva da capitania do Siará-Grande, foi cogitada pelos administradores lusitanos a criação de uma vila para garantir a oficialidade municipal do poder do reino português. Vários lugares, em diversos momentos, foram indicados por uma ou outra razão, como denominou Girão[4] no que chamou de "Dança do Pelourinho": Iguape, por conta do rio Pacoti e o favorável aportamento (1700); Vila Velha (antiga Nova Lisboa), por ser o lugar das primeiras tentativas de ocupação (1702); Forte de N. S. d'Assunção, por força do capitão-mor Francisco Duarte de Vasconcelos, aliado à influência clerical do vigário João de Matos Serra (1706); e por fim, Aquiráz, sob ordem régia da metrópole portuguesa que ameaçou o capitão-mor e os moradores do forte de serem reprimidos violentamente se desobedecessem à decisão real (1711-1713), já que o rei de Portugal sabia da tirania imposta aos moradores junto ao forte pelos capitães-mores e suas tropas militares.

Mas não durou muito, pois meses após a instalação da Vila de São José do Ribamar no Aquiráz, o lugar foi acometido por uma reação das nações anacés, candadus, jaguaribaras, janduis, paiacus, que estavam sendo expulsas e exterminadas no vale do rio Jaguaribe pelos fazendeiros criadores de gado, juntando-se a outras nações indígenas rebeladas das capitanias do Rio Grande do Norte. Este episódio ficou conhecido na historiografia oficial como "guerra dos bárbaros".[3] As ruínas do aldeamento jesuíta e a casa do capitão-mor, ambas situadas no atual sítio histórico-arqueológico do município, testemunham este acontecimento. Em 1726, mesmo contrariado, D. João, rei de Portugal instituiu na fundação de um outro pelourinho junto ao forte de N. S. d'Assunção, a pedido dos antigos moradores do Aquiráz, que lá foram se refugiar alegando existência da defesa militar. É desta época a ilustração do capitão-mor Manuel Francês, onde se vê a Igreja de N. Senhora do Rosário, o Forte, a já demolida casa-de-câmara e cadeia (atual Pça. da Sé), o pelourinho e o riacho Pajeu.

Como pode ser percebido, por volta do século XVIII, a pecuária já se caracterizava como atividade econômica extensiva no Siará-Grande, no vale do rio Jaguaribe. Em boa medida foi a criação de gado que contribuiu não somente para a fixação do povoamento branco na região, mas, sobretudo veio marcar as experiências socioculturais presentes nas lutas entre colonos e povos nativos, na formação dos primeiros núcleos urbanos e nos modos de vida e costumes típicos dos grupos sociais cearenses.

A Pecuária, a Formação das Primeiras Vilas do Siará-Grande e a Vida na "Civilização do Couro"

"Foi o gado que colonizou o Ceará". É uma expressão corrente quando se fala da história local. O historiador Capistrano de Abreu[1] identificou duas correntes migratórias de colonos e suas reses de gado bovino: a "sertão de dentro" e a "sertão de fora". Região destinada ao plantio da cana-de-açúcar, do litoral saiu no sentido sertão, pelo rio São Francisco, a primeira dessas correntes foi desbravando o oeste brasileiro atingindo as grandes bacias dos rios nas regiões Nordeste, Norte, Centro-oeste e Sudeste. A segunda percorreu o próprio litoral sentido BA - AM, atingindo as bacias hidrográficas dos atuais Estados das regiões Nordeste e Norte. Ambas correntes de colonos e reses alcançaram o Siará-Grande e se instalaram, principalmente, nas encostas do rio Jaguaribe e, em seguida, no rio Acaraú, com destino ao litoral norte. Em fevereiro de 1748 foi instalada a vila do Aracati, pois o comércio de carne seca e couro havia prosperado naquela região. Em 1741, os vereadores do Aquiráz baixaram portaria de controle fiscal sobre a exportação dos produtos nos portos de barcos do Aracati, o que logo passou a existir ali uma câmara, tabelião e juiz ordinário. Esse fato contribuiu para certo deslocamento das atividades nas oficinas de beneficiar carne para Sobral, a partir de 1745, onde tiveram início as charqueadas próximo ao rio Acaraú.

O comércio do charque e do couro trouxe a primeira experiência de vida urbana que o território cearense conheceu. As primeiras cidades possuíram características distintas, de acordo com a sua maior ou menor função na atividade comercial ou pecuarista. Aracati, Acaraú e Camocim: portos escoadores e compradores de produtos manufaturados da metrópole portuguesa. Limoeiro e Tabuleiro do Norte, Morada Nova, Russas: passagem das boiadas e dos produtos coloniais. Icó, Sobral, Santa Quitéria, Quixeramobim, Crato: entroncamento de rotas comerciais (Estrada Geral do Jaguaribe, Estrada Nova das Boiadas, Estrada das Caiçaras e Estrada Piancó-Oeiras/ PB-PI). Nos dias hodiernos é possível vislumbrar a beleza arquitetônica destas cidades que cresceram ao longo do curso dos rios, salvo a exceção de algumas realidades na região do Cariri, que desenvolveram além da pecuária a atividade açucareira (devido à proximidade com Pernambuco), o que permite visualizar nos seus sítios históricos a existência de antigas casas-grandes e senzalas.

Diante das demais vilas, Fortaleza e Aquiráz exerceram apenas influência militar e burocrática. A primeira enviava expedições exploradoras e formava milícias (compostas de aventureiros, índios catequizados e caboclos) a fim de reconhecer territórios e formar defesa para os proprietários rurais donos de casas-grandes fazendeiras. A segunda exercia a função jurírico-administrativa, arrecadava os impostos dos colonos e moradores e era subordinada ao governo de Pernambuco. Estas duas vilas não tiveram destaque comercial, por isso não terem tanto registro histórico-arquitetônico do período colonial, ao contrário de Aracati, Icó e Sobral, por exemplo.

Por sua vez, a realidade das fazendas marcou a experiência sociocultural da maior parte dos sujeitos históricos que viveram naquele período. "A vida girava em torno das fazendas", pois eram unidades auto-suficientes.[5] No século XVIII, elas tiveram como principal atividade econômica a pecuária (comércio de carne seca e couro), mas lá se praticava a lavoura de subsistência e outras atividades resultantes da adaptação dos colonos à realidade dos índios na caatinga, como o artesanato (palha, barro, couro e rústica tecelagem), a caça e a pesca As relações sociais da fazenda baseavam-se no sistema de patriarcalismo e apadrinhamento, no qual o fazendeiro era o senhor de tudo e de todos. Ao redor dele estavam a família e os agregados; os filhos vaqueiros e os afilhados trabalhavam nas roças e oficinas de carne. Mulheres e crianças trabalhavam nos serviços domésticos e no artesanato.

Nas regiões serranas ou nas áreas próximas às vilas principais da capitania, outras aglomerações humanas foram surgindo a partir da experiência religioso-colonizadora. Estes lugares foram criados pelos padres jesuítas que, no sentido religioso, estariam tirando as almas perdidas do "reino de Satã". Contudo, no aspecto ideológico, estavam a contribuir para o processo de aculturação e exploração da mão- de-obra indígena.

Os Aldeamentos

A ação missionária da Igreja nos aldeamentos possibilitou o surgimento de uma força de trabalho barata para os fazendeiros e um exército disponível para combater outros povos nativos resistentes ao processo colonizador.[6] Desenraizados de suas origens culturais, aos nativos os padres impuseram uma nova religião e novas formas de trabalho baseadas na exploração e subserviência. Logo ao chegarem nos aldeamentos, os índios foram disciplinados a incorporarem a língua do povo colonizador, sua religião e seus hábitos comportamentais, como cobrir o corpo, rezar em templos cristãos, obedecer aos horários de trabalho e não usufruir a propriedade privada alheia, algo que eles não conheciam, já que outrora viviam compartilhando tudo no sistema comunal de produção.

Alguns municípios e distritos dos dias atuais nasceram dos antigos aldeamentos. Missão Velha, Quixeré, Iguatu, Crato, Barbalha, Missão Nova foram os principais aldeamentos do sertão. Baturité, Viçosa, Ubajara são frutos das missões que receberam os índios refugiados nas serras (pois foram expulsos das cabeceiras dos rios pelos criadores de gado) e Caucaia (Soure), Messejana (Paupina) e Parangaba foram aldeamentos que, situados próximo ao Forte de Nossa Senhora d'Assunção enviavam aos capitães-mores exércitos humanos disponíveis às campanhas exploratórias e militares.

Neste sentido, pode-se perceber que os aldeamentos contribuíram em boa medida para o empreendimento da atividade colonial no Siará-Grande, baseada na pecuária. A mão de obra indígena servia para as tarefas do pastoreio nas propriedades rurais e de contingente para a formação das milícias, que iriam converter as nações não-catequizadas ou contribuir para o genocídio destas. Contudo, por mais que a pecuária tivesse força de trabalho garantida, áreas disponíveis ao pasto e água no curso dos rios, durante a década de 1770 essa economia começaria a perder sua excelência.

Transição da Economia do Gado para a Economia do Algodão

A Crise na Pecuária

A economia pecuarista sofreu alguns contratempos. Primeiramente foi a seca de 1777, que dizimou boa parte dos rebanhos bovinos existentes no Siará-Grande, abaixando muito o volume de água das bacias fluviais. Em segundo, foi o uso da técnica de salgar a carne na região Sul do Brasil, onde os pecuaristas do Rio Grande começaram a concorrer no mercado colonial com o charque cearense. Mas, o golpe definitivo que tirou a excelência da pecuária na economia do Siará foi, sem dúvida, a Revolução Industrial na Inglaterra. Pode parecer estranho, mas, historicamente a economia brasileira sempre foi dependente da demanda do mercado externo, sobretudo, europeu. E durante a transição das manufaturas para o sistema fabril, entre os séculos XVIII e XIX, as fábricas de tecelagem precisaram de grandes volumes de algodão para suprir a velocidade da produção industrial.

Não que a pecuária tenha sido extinta de vez da economia cearense (pois coexistiu sem maiores problemas com a cotonicultura), mas a maioria dos fazendeiros preferiu fazer lavouras do "ouro branco" de boa parte das áreas destinadas ao pastoreio.Além da Revolução Industrial na Europa, outros fatores históricos permitiram a intensificação da economia algodoeira já no século XIX.A abertura dos portos brasileiros ao mercado internacional, em 1810, facilitando a saída dos produtos coloniais diretamente aos consumidores do mundo afora, sem o atravessamento da fiscalização portuguesa e, sobretudo, a Guerra de Secessão norte-americana, em 1865, quando o sul dos EUA deixou de produzir algodão para Europa, foram situações que favoreceram a província do Ceará como pólo exportador.

Os antigos pontos de exportação do couro e do charque foram pouco a pouco convivendo com o novo produto de excelência. Investimentos de firmas estrangeiras são feitos no Ceará, sobretudo construção de estradas de ferro.A principal foi a Fortaleza-Baturité (1877-79), que ligava as vilas em volta do maciço ao novo porto de escoamento situado em Fortaleza.A vila que timidamente crescera ao redor de um forte, com a política centralizadora do Império foi configurada a capital da Província do Ceará, passando a receber aparelhos urbanos, sobretudo investimento do capital inglês, como o farol do Mucuripe (1872), as melhorias no porto (1860) e a estação principal da estrada de ferro mencionada há pouco, hoje o prédio da Estação João Felipe, no Centro de Fortaleza. Em boa medida, esses recursos urbanos deixaram de lado a excelência de antigos portos como o Aracati e Camocim, projetando Fortaleza na economia cearense.

O Crescimento Urbano e Econômico de Fortaleza (séc. XIX, do Ciclo Algodoeiro à República Velha)

Com o advento da economia algodoeira, Fortaleza passou a experimentar um surto violento de crescimento urbano e populacional.A intensificação das relações comerciais tornou a cidade um pólo atrativo para aqueles que almejavam melhores possibilidades de vida, daí um inchaço demográfico repentino. Foi esta mesma idéia de progresso que contribuiu para orientar os engenheiros e urbanistas Silva Paulet (1817) e Adolf Hebster (1875) a elaborarem disciplinas sócio-espaciais na capital cearense, os primeiros traçados em plano xadrez numa cidade brasileira.As casas comerciais situaram-se entre as ruas principais da área hoje conhecida como Centro, sendo a Praça do Ferreira e o Passeio Público as passarelas principais da vida mundana. Instituições cívicas como a abolição dos escravos em 1884 (mesmo não tendo tantos) e a adesão da Província do Ceará ao golpe republicano (1889), foram acontecimentos definidos por alguns historiadores[7] como os "marcos da *belle époque* cearense", a destacarem além de Fortaleza outros municípios como Acarape e Redenção. Edificações pomposas de dois e até três pavimentos em estilo neoclássico e *art nouveau* caracterizaram a arquitetura do período (lamentavelmente pouco desse patrimônio físico resta, quando não os que resistem possuem suas fachadas deveras alteradas). Com a aproximação das realidades socioculturais dos centros industriais europeus, os habitantes da antiga vila conheceram novos hábitos de higiene e moda que pouco a pouco foram modificando a realidade material dos cidadãos do período. Bondes, ruas calçadas, linhas de telégrafo, iluminação pública a combustores a gás, diversas máquinas (das geradoras de energia às fotográficas) marcaram a cultura material dos sujeitos históricos que viveram naquela época.

Comerciantes, chefes políticos do sertão, representantes de firmas estrangeiras, cônsules, bacharéis, médicos, jornalistas, militares e clérigos compuseram as classes burguesas e médias de Fortaleza deste período. Durante as estiagens, sempre acometidos por epidemias, como a malária, cólera e varíola, estes segmentos dominantes trataram de encabeçar uma rígida disciplina urbana e comportamental sobre os setores menos privilegiados da sociedade, como retirantes, caboclos, trabalhadores braçais, negros e remanescentes indígenas. Com a finalidade de manter a beleza estética da cidade (que não podia mostrar seus reais problemas aos investidores estrangeiros), foi realizado um sistema de aformoseamento para Fortaleza, caracterizado pela segregação sócio-espacial. Campos de concentração (Meireles, Aguanambi, Caucaia, Pirambu, dentre inúmeros outros) trataram de conter o avanço dos retirantes à cidade nos períodos de seca entre os séculos XIX e XX. Várias instituições asilares foram construídas, como o S. Vicente de Paula (Parangaba, 1886), o Lazareto da Lagoa Funda (antigo nome de Jacarecanga, 1857) e o de Mendicidade (atual prédio do Lar Torres de Melo). Além da segregação físico-espacial, o exercício de poder simbólico foi aplicado através da instituição dos códigos de posturas (por exemplo, 1893), em que não se permitia passageiro algum entrar sem paletó nos bondes, tampouco tratar vísceras de animais em frente das casas. Vilas operárias foram construídas em bairros distantes da área comercial (Jacarecanga, Benfica e Outeiros, hoje a Aldeota), no mesmo estilo dos centros urbanos europeus, sendo concretizada a vontade das classes dominantes hegemônicas de Fortaleza em separar suas moradias e a área das atividades comerciais longe das moradas dos trabalhadores.[7]

Neste período, foram marcantes os gabinetes de estudo e as agremiações literárias, que em boa medida contribuíram para o surgimento de escritores famosos como Rodolfo Teófilo, Tomás Pompeu Filho, Barão de Studart, Adolfo Caminha, e de grupos excêntricos e distintos como a Padaria Espiritual, o Instituto do Ceará e a Academia Cearense. O espaço que hoje é definido como Centro foi a principal paisagem urbana vivida pela experiência histórica desses ilustres personagens, nem sempre lembrados nos dias hodiernos.

A partir das grandes transformações na realidade cearense entre os séculos XIX e XX, pode-se fazer uma idéia da situação atual dos municípios cearenses. Percebe-se, dessa forma, que não somente a atual capital, mas as demais cidades do Ceará sofreram profundas alterações históricas na sua estrutura econômica e social. Durante um bom tempo, a cultura do algodão e a indústria aliada aos produtos agro-pastoris, foram os sustentáculos econômicos das atividades produtivas no Ceará. Fortaleza foi à área mais favorecida em termos de investimentos nos setores de comércio, indústria e serviços, o que permitiu a cidade tornar-se um forte atrativo para muitos sertanejos, que nas épocas de seca aceleravam o processo de favelização, motivado pelo descaso público no tocante ao planejamento urbano. Apenas nas décadas finais do século XX, foi que o sistema industrial veio a se intensificar na economia local, em municípios como Juazeiro, Sobral, Pacajus, Caucaia e Maracanau. Juntamente com a indústria, certos investimentos na atividade turística também foram realizados, principalmente a rede hoteleira na capital e *resorts* no litoral cearense, em destaque Camocim, Aracati e Aquiráz. Estes setores cresceram com a realidade das sociedades de massa, do aperfeiçoamento tecnológico e da globalização.

Por uma Nova História do Turismo no Ceará

De acordo com o que foi visto percebe-se que as realidades sociais cearenses são portadoras de experiência cultural e historicidade, sendo que cada município, região, bairro e distrito têm à disposição ricos acervos histórico-culturais que podem ser trabalhados junto à atividade turística, divulgando o patrimônio cultural dos grupos humanos aqui existentes. Os museus, festas populares, arquitetura de época, lendas, religiosidade, gastronomia, artesanato e memórias dos moradores mais antigos, carecem ser inseridos pouco a pouco às atividades turísticas.

Sem dúvida, a história cearense é bem mais rica do que muitas chamadas assistidas nos meios de difusão cultural e atividades turísticas não sustentáveis, nocivas ao patrimônio cultural do Ceará. A beleza das praias cearenses, a sensualidade das mulheres, as casas de show são atualmente os apelos mais difundidos no modelo turístico que atualmente se vê, predatório e excludente.

É, portanto, necessário que os grupos envolvidos com a realidade turística do Ceará assumam minimamente suas responsabilidades intelectual, científica, econômica e político-organizacional. Aos professores dos cursos de turismo, instigar os estudantes com preocupações cotidianas que permitam a reflexão crítica sobre a necessidade do planejamento e da preservação dos patrimônios cultural e ambiental, bem como orientá-los a fim de que eles se reconheçam enquanto profissionais indispensáveis para as melhorias sociais futuras.

Aos administradores públicos, que possam estar mais abertos para as propostas de planejamento, que invistam mais nos pequenos e médios empreendimentos (pousadas, espaços temáticos, hotelaria doméstica, artesanato, etc.), a conciliarem a arrecadação municipal, os interesses dos grupos econômicos com a preservação dos direitos sociais, políticos e civis.

Aos proprietários, que percebam os bacharéis de turismo como exímios consultores, pois estes profissionais possuem um perspicaz olhar *lato sensu* sobre as leis do mercado, administração empresarial e financeira, realização de pesquisa, arte e estética, patrimônio histórico e cultural, enfim, os turismólogos possuem uma formação multidisciplinar suficiente para compreender as complexidades do fenômeno turístico.

Aos profissionais do turismo em geral (guias, planejadores, terceirizados, funcionários), ter o compromisso ético é fundamental, contudo a ética não deve ser mediada pelo mercado, as relações de custo-benefício, mas, pelo princípio da cidadania, ou seja, tratar bem o turista é respeitá-lo como o outro, pois, somente assim, este turista irá tratar o profissional de igual para igual. Deve ser evitada nesta relação habitante-turista-profissional do turismo qualquer relação de poder; o respeito mútuo, a criatividade em apresentar a beleza singular dos espaços físico-urbanos e a disciplina com os compromissos são princípios primordiais no turismo.

E aos bacharéis, primeiramente, que reconheçam a importância de vossa profissão para o futuro da economia neste terceiro milênio; em segundo, aprender a conciliar mercado (lucro, benefício, renda) com soberania nacional (respeito à cultura popular, ao patrimônio ambiental e aos lugares da história), tendo em vista o planejamento das atividades econômicas como algo primordial no sucesso de qualquer empreendimento. Desta feita, pode-se acreditar que direitos como oportunidade de trabalho, a redução dos excessos de desigualdade e a soberania nacional estarão garantidos.

Referências Bibliográficas

1. ABREU, C. *Capítulos de história colonial.*
2. CARVALHO, J. M. *Cidadania no Brasil. Um Longo Caminho.* 2002. p. 07-13.
3. FARIAS, J. A. *História do Ceará, dos índios à geração Cambeba.*
4. GIRÃO, R. *Geografia estética de Fortaleza.* Fortaleza: UFC, 1997. Coleção Alagadiço Novo.
5. GIRÃO, V. C. Da conquista à implantação dos primeiros núcleos urbanos na Capitania do Siará-Grande. IN: SOUSA, S. de. *História do Ceará.* Fortaleza: Fundação Demócrito Rocha; 1993. p. 25-44.
6. PINHEIRO, F. J. Mundos em confronto: povos nativos e europeus na luta pelo território. IN: SOUSA, S. de. *Uma nova história do Ceará.* Fortaleza: Fundação Demócrito Rocha, 1993. p. 17-55.
7. PONTE, S. R. *Fortaleza belle époque. Reformas urbanas e controle social (1860-1930).* Fortaleza: Multigraf, 1993.

Capítulo **9**

HOSPITALIDADE E ÉTICA

Sólon Sales e Silva

Hospitalidade tem sabor de acolher com satisfação. A literatura cearense caracteriza esta virtude do receber com muita graça e diz muito da maneira de ser que só o cearense sabe cultivar. A literata maior do Ceará, também poetisa, Rachel de Queiroz, assim traduz este jeito cearense desejando boas-vindas ao visitante que chega por estas plagas brasileiras:

"Visitante bem querido
Pode entrar a casa é sua
Ah! É tão bom nesta vida
Abrir a porta da rua
Como quem abre um abraço
Dizendo assim como eu faço
Entre a gosto a casa é sua!

Casa pobre, casa branca
Caiada de branca areia
Mas tão sincera e tão franca
Apesar de pobre e feia
Tão franca que noite e dia
Para ninguém se enganar
Do Mucuripe alumia
A estrada verde do mar

E grita para o presente:
Entre! Demore um instante
Tome a luz pra se guiar.
E querer que cada jangada
Sobre as ondas navegando
Velas brancas desfraldada
Pareça um lenço acenando
Terra de gente que medo,
Nunca aprendeu o que é
Que faz do rifle um brinquedo
Só tem no mundo uma fé
Que é seu Santo Padroeiro
Meu padrinho em Juazeiro
São Francisco de Canindé.

E quando o sol cor de lacre
Na seca escorraça a gente
Vai ao norte, faz o Acre
Dá-lo ao Brasil de presente
Com o pouco que Deus nos dá
Casa de pobre contente
Um prato de mucunzá

Um gole de café quente
Uma rede branca e macia
Junto de nós todo dia
Alguém que gosta da gente.
Isto tendo o mais é nada
Pode vir inverno ruim
Que a gente diz conformado
Desgraça pouco é 'tiquim'
Depois, pra que neste mundo
A gente sonhar grandeza.
Não pode ser porão fundo
Quem nasceu para represa
Nesta vida tudo é sorte
Mais vale um bem querer forte
Do que toda outra riqueza.

Visitante bem querido! Pode entrar a casa é sua!
Pois que a singela acolhida
O afeto não defeitua
Ponha a mão na minha mão
Entre a gosto a casa é sua."

Mas para que a hospitalidade local seja realmente eficaz, necessário se faz que o profissional tenha também em mente os aspectos de ética. Esta palavra tão usada (e às vezes tão desgastada) torna-se ordem do dia na atualidade. Entretanto, é campo de ação muito simples. Ora, sabe-se que a ética é o ramo do conhecimento humano que estuda a conduta do homem em seu meio e estabelece os conceitos do bem e do mal; pode-se dizer que o agir ético é aquele direcionado para o bem. Não se quer nada de ruim para o visitante/turista, conseqüentemente a regra do bom-senso deverá imperar no agir ético. Deve-se desejar ao meu semelhante aquilo de bom que desejo para mim, portanto, torna-se claro e simples o ato de receber.

Quando o indivíduo se posta diante desta situação, percebe que o ato é bastante simples, mas entre o refletir e o agir sempre há uma distância e é neste ínterim que irá encontrar os deslizes do fazer. Para que o profissional execute é necessário antes saber, ter o conhecimento para só então executar. Aparentemente é fácil, mas entre o saber e o fazer reside também a tomada de decisão para a tomada de atitude. É neste interregno que reside a sabedoria da atitude coerente. Desejar o bem para o próximo é pensamento geral, mas, fazer o bem ao próximo é atitude. A ética baseada nas virtudes do bem é processo fácil e até lógico, enquanto que a ética como atitude é exercício que se adquire com o tempo.

Desta forma o próprio homem criou, ao longo do tempo, o que hoje se conhece como Código de Ética Profissional. Cada profissão possui o seu e aquelas que ainda não possuem utilizam-se dos princípios gerais da ética. Baseada nas virtudes da polidez, fidelidade, coragem, justiça, generosidade, tolerância e até humor e do amor dentre tantas outras, a ética baseia-se, por fim, na existência do bem.

Aquele que trabalha com atendimento e serviço deve pautar o seu fazer laboral nestas virtudes e em muito boa hora é bom se valer dos ensinamentos de Bennett[1] que fala das "Regras de Comportamento":

"Corações, como portas, facilmente vão se abrir
Com umas chaves pequeninas, que usam a sorrir.
Duas delas, não se esqueça, use sempre aonde for;
São as mais importantes:'obrigado' e 'por favor'."

Observa-se que ao se empregar estas simples palavras no dia-a-dia elas trabalham realmente como chaves e todo o fazer torna-se inevitavelmente mais fácil. São, na verdade, palavras mágicas que não necessitam de "gênio da lâmpada maravilhosa" para funcionar, os seus usuários, são o próprio gênio. O turismo, enquanto atividade de locomoção traz em seu ato a troca de experiências entre culturas, interagindo, inevitavelmente, no processo de transculturação ou aculturação. Neste aspecto, o núcleo receptor, deve ter um grande cuidado em não desrespeitar a cultura do visitante, assim como em não deixar descaracterizar a sua cultura. Sendo a cultura um traço diferencial no turismo, se a minha é aniquilada estarei perdendo um diferencial. A linguagem televisiva utilizada pelos locutores e apresentadores de programas noticiários é um bom exemplo para se ilustrar este fato. Criou-se uma linguagem padrão, o que vem a descaracterizar a linguagem regional.

Para o turismo o fundamental vem a ser justamente o diferente e, seguindo ainda, no diferencial cultural da linguagem, evoca-se, também, o grande poeta cearense Filgueiras Lima, que em seu poema "Língua Nacional" coloca exatamente este pensamento do fazer turístico, mostrando a diversidade cultural do regionalismo quando afirma que a língua dos canoeiros e seringueiros da Amazônia é "cantada na insistência das vogais"; a língua dos vaqueiros do Piauí soa como triste; a língua rimada e cantada do povo do Ceará; a "língua piedosa da Bahia de Todos os Santos" também é "língua dengosa e apimentada como vatapá"; "a língua faiscante dos mineiros"; "a língua sintética dos homens dínamos de São Paulo" e a língua dos pampas, cheia de hipérboles e imagens. Estes elementos não podem e não devem desaparecer, pois caso ocorra esta perda esvai-se também o diferencial.

Aquele que recebe deve ter em mente, ainda, a discrição. O turista, assim como qualquer pessoa, deve ser tratada de forma discreta, independentemente de como se veste, de como se comporta ou de quem está acompanhado. Este é um direito assegurado pela própria Constituição Federal que diz em seu artigo 5º que "todos são iguais em direitos e obrigações" e que ninguém é "privado de direitos por motivo de crença religiosa ou de convicção filosófica ou política", assim como "é livre a manifestação do pensamento".

Um outro direito assegurado pela Constituição é a inviolabilidade da intimidade, da vida privada, da honra e da imagem das pessoas. Este último direito caracteriza o maior cuidado que se deve ter ao receber o turista, pois ele, vindo de outro meio cultural, poderá trazer práticas que venham a nos chocar; no entanto, devemos ter sempre em mente que sua intimidade é privada e deve ser inviolada e respeitada não só pela nossa postura ética, mas pelo próprio direito assegurado pela Constituição.

Desta forma, convém ao profissional de turismo, seja ele o agente de viagem, o guia de turismo, o recepcionista do hotel, ou aqueles que prestam quaisquer outros serviço de uma maneira geral ao turista, o motorista de táxi, o vendedor de produtos artesanais, o garçom, dentre tantos outros, usar da atitude da discrição no atendimento ao turista. Para estes profissionais, não interessa a vida privada daquele que nos visita, desde que ele não esteja se comportando com maldade ou atentando ao pudor da comunidade visitada. Este aspecto constitui-se em uma postura ética das mais fundamentais, por parte do profissional. É conveniente lembrar, também, que por sua vez o turista deve dispor desta mesma postura, pois a ética é processo interativo, contando com a participação de todos aqueles que convivem. Mas, a atitude do bem deve partir dos profissionais do núcleo receptor, para mostrar ao turista que a classe está devidamente preparada para recebê-los. Desta maneira, se ele é bem tratado e recebido com postura ética, certamente ele irá divulgar em seu núcleo emissor como foi bem tratado entre nós. Assim, mais pessoas irão querer vir ao nosso Estado, pois saberão que se recebe o turista de forma digna.

A hospitalidade do povo cearense certamente está centrada na bondade do povo cearense, pois em sendo princípio ético a prática do bem, tem-se essencialmente o que se vivencia. Torna-se fácil a observação dos princípios da ética, uma vez que ele já possui como características a vontade e o gosto em receber e a razão é dada à nossa poetisa quando sintetiza o gosto do cearense em receber o visitante, com ética:

> *"Visitante bem querido*
> ***Pode entrar a casa é sua***
> *Ah! É tão bom nesta vida*
> *Abrir a porta da rua*
> *Como quem abre um abraço*
> *Dizendo assim como eu faço*
> *Entre a gosto a casa é sua!"*

REFERÊNCIAS BIBLIOGRÁFICAS

1. BENNET, W. J. *O livro das virtudes II* - o compasso moral. Rio de Janeiro: Nova Fronteira, 1996.
2. SÁ, A. L. de. *Ética profissional*. São Paulo: Atlas, 2000.
3. SPONVILLE, A. C. *Pequeno tratado das grandes virtudes*. São Paulo: Martins Fontes, 1997.
4. VÁZQUEZ, A. S. *Ética*. Rio de Janeiro: Civilização Brasileira, 1999.

Capítulo 10

QUALIDADE NA RECEPTIVIDADE

Maria de Fátima Aguiar

O Que É Receptividade?

As respostas às perguntas sobre a receptividade de um povo, de uma família, dos amigos, etc. normalmente variam entre boa receptividade e ótima receptividade. O termo "receptividade" origina-se da palavra receber, do latim *recipere*, que significa acolher como visita ou hóspede. Para muitos dicionaristas, receptividade é a capacidade de receber. Isto nos leva logo a uma associação com a idéia da hospitalidade, palavra também de origem latina: *hospitalitas, hospitalitis,* que significa acolhimento afetuoso, ação de acolher visitas ou hóspedes; também é comum no nosso dia-a-dia ouvirmos expressões como: o povo brasileiro é muito hospitaleiro; povo hospitaleiro é aquele que acolhe bem, que recebe e hospeda com satisfação.

Buscando as raízes da hospitalidade, é claro que não se pode pensar nisto no período mais primitivo da humanidade, quando na luta pela sobrevivência o homem vivia desconfiado e enfrentava feras e inimigos com crueldade. O estilo de vida nômade passou a exigir estratégias para a perseguição da caça e a busca de colheitas, favorecendo a aproximação de tribos, raças e famílias. A fixação do homem à terra originou os núcleos populacionais, inicialmente isolados por rios, lagos, montanhas, vales, etc. O surgimento de barcos, jangadas e outros tipos de embarcações permitiram o estabelecimento de relações com as primeiras manifestações de hospitalidade.[12]

Desde as antigas civilizações pode-se falar em gestos de hospitalidade, registrando-se que estes gestos resultaram da concepção filosófica de cada povo. Na Grécia antiga, toda manifestação de hospitalidade estava ligada ao que era entendido como vontade dos deuses. Júpiter era considerado o protetor dos anfitriões e dos hóspedes. A hospitalidade era lei, fosse para quem fosse. Nessa civilização a hospitalidade estava ligada a um valor simbólico e mítico, contribuindo para a realização dos grandes eventos da época, como os jogos olímpicos, os grandes espetáculos teatrais e as peregrinações, que provocaram deslocamentos maciços. A hospedagem dos visitantes era feita pelas famílias, como dever religioso, de forma gratuita. As cidades acolhiam os visitantes da melhor forma possível. No caso específico dos jogos, acreditava-se que Zeus, o deus dos deuses, poderia comparecer, através de qualquer um dos atletas.[11]

Entre os romanos, também na Antigüidade, a hospitalidade era parte das obrigações sociais, de forma que todos que viajassem pelo território romano tinham assegurado acolhimento digno. Para garantir a hospedagem, os governantes providenciavam hospedarias ao longo das rotas mais movimentadas, principalmente as que davam acesso às estações termais do império. Paralelamente, começaram a aparecer hospedarias que acolhiam mediante pagamento, o que não foi muito aceito inicialmente, em razão da hospitalidade ter se transformado em tradição. Tais estabelecimentos não gozavam de boa reputação pelo fato de venderem bebidas, provocando confusões e promovendo prostituição, e serem suspeitos de falsificar mercadorias e roubar os clientes, exigindo das autoridades constante vigilância.

Na Bíblia encontram-se algumas passagens com claras demonstrações de hospitalidade, quando das visitas do Nazareno e seus discípulos a familiares e amigos. E foi o fenômeno da passagem de Jesus que deu origem a um novo conceito de hospitalidade: o dever de caridade de acolher os peregrinos cristãos e os pobres,, praticado com fervor pelas ordens religiosas durante a Idade Média, quando qualquer estrangeiro deveria ser acolhido com toda a humanidade.[11] No Renascimento, período da Idade Moderna em que floresceram as artes e a literatura, paralelamente a uma hospitalidade comercial que se desenvolvia para atender as crescentes necessidades comerciais, pratica-se a hospitalidade palaciana, que consistia na acolhida de nobres e artistas nos palácios. No século XVI a França começa a ter na gastronomia seu elemento de maior expressão, ao qual são agregadas atividades de animação, influenciando outros países, principalmente a partir da Revolução Industrial, que cria as condições para o desenvolvimento acelerado da hospitalidade como negócio, providência necessária para o atendimento condizente à nova classe social burguesa, em viagens de estudos, lazer ou negócios, que exige boas acomodações. Consolidamse os vários tipos de meios de hospedagem e a hotelaria cresce, como um termômetro do desenvolvimento da economia, beneficiando-se com as grandes invenções na área de transportes e comunicação, principalmente após a Segunda Guerra Mundial.

Hoje, a sociedade vive um período de transição de uma sociedade industrial para uma sociedade de serviços. Nos Estados Unidos, de cada 100 trabalhadores, 75 trabalham em atividades de serviços, e dos que trabalham na indústria, 11 em cada 100 desenvolvem atividades caracterizadas como serviço, como as atividades de escritório, totalizando, portanto 86 trabalhadores no setor terciário, a cada grupo de 100[6] e uma das atividades que mais cresce neste contexto é o turismo. Já existem mesmo algumas cidades cuja principal fonte de renda é o turismo. Mas voltando ao conceito de hospitalidade, tanto para as cidades turísticas como para as industriais e comerciais, o que predomina hoje, é, sem sombra de dúvida, o conceito comercial, vinculado a fatores culturais, determinantes da qualidade na receptividade de cada cidade, Estado, país, povo. Isto mesmo: os fatores culturais exercem grande influência na vida das pessoas e das cidades; influencia até mesmo a maneira de cada povo receber seus convidados e visitantes. Cada povo pode ter seu jeito próprio de receber. Retornando para os primórdios, visualizam-se muitas tribos com seus rituais e festas para os visitantes, muitas das quais mantêm vivo este costume até hoje. Examinando a evolução dos meios de hospedagem percebe-se a influência do modo europeu de receber, que chegou até o Brasil através da colonização, presente ainda na arquitetura, gastronomia, mobiliário, vestuário, festas, tratamento personalizado, dentre outros elementos. Percebe-se também a forte influência americana, principalmente a partir da Segunda Guerra Mundial, tendência que se acentua com o fenômeno da globalização, por exemplo, na música, na dança, na alimentação, na moda, nos serviços automatizados, etc. Existiam, portanto, até bem pouco tempo, dois traços no conceito da hospitalidade comercial: o atendimento esmerado e personalizado europeu e o automatizado e prático americano. Hoje, com a globalização, estes traços não são mais muito acentuados e o desafio para o Brasil é fazer uma composição adequada e harmoniosa destes elementos, oferecendo um modelo próprio de hospitalidade, no qual a alma brasileira seja posta em evidência, ou seja: com o esmero do europeu, com a praticidade do americano e com a alegria e o prazer em servir dos brasileiros.

Refletindo sobre a afirmação: o brasileiro tem fama de ser um povo hospitaleiro. Será mesmo que ele recebe bem seus convidados? Num rápido ensaio sobre as providências a serem tomadas quando se pensa em convidar alguém para sua casa, levantam-se questões como:

- A casa está em ordem?
- Está tudo limpo e o mais bonito e harmonioso possível?
- Quanto tempo a visita vai demorar? Vai almoçar ou jantar? Que se deve servir? Vai pernoitar? Onde vai dormir? Que servir no café da manhã? Onde levá-la para passear e se divertir? Como vai ser o deslocamento, a pé, de ônibus, de carro? O passeio é seguro? O trânsito é tranqüilo? Pode-se estacionar com segurança?
- É preciso a ajuda de alguém para cuidar da casa e da comida?
- Tem-se tempo suficiente para dar atenção ao convidado?

Transportando tudo isto para a esfera de uma cidade ou de uma pequena comunidade que se prepara para receber turistas, é comum o habitante pensar que o visitante da cidade não é seu convidado. Do ponto de vista das relações afetivas, isto pode ser verdade. Mas só por isto não se deve acolher bem? Atualmente, em todo o mundo, o turismo vem se constituindo importante atividade econômica, podendo fazer a diferença na qualidade de vida dos moradores de uma determinada região, se for técnica e cientificamente bem conduzido. As pessoas podem até ir a lugares onde não são convidadas, mas certamente estão indo mais onde o são. O convite está implícito e explícito nas diversas tentativas para atrair turistas: propagandas diversas, *folders*, participação em feiras, reportagens de jornal, televisão, etc. O convite pode ser da prefeitura, de um hoteleiro, de um dono de restaurante, bar, parque, ou clube, não importa. Ninguém vai lembrar deste detalhe. Se se sentir bem acolhido no lugar, vai dizer a parentes e amigos que a cidade é hospitaleira. Caso contrário, vai dizer a todo mundo que o povo do lugar não é acolhedor, que não vale a pena ir lá, e a cidade pode ganhar ou perder, consciente ou inconscientemente, com a atitude de seus moradores. Recentemente, um visitante insatisfeito enviou mensagem via *e-mail* a todos os delegados da Associação Brasileira de Bacharéis em Turismo (ABBTUR), descrevendo várias situações em que se sentiu maltratado numa certa cidade. Indignado, resolveu fazer campanha contra a cidade, começando por um grupo formador de opinião: os bacharéis em turismo. Imaginem quanto esforço em vão do *trade* turístico daquela cidade. No caso da insatisfação, basta uma atitude desfavorável para mudar a impressão do visitante. Não vale mais o ditado "a primeira impressão é a que fica", embora esta continue sendo muito importante. É responsabilidade de todos causar boas impressões, desde o primeiro contato com o potencial visitante, que pode consistir num telefonema, carta, *e-mail*, ao momento em que ele chega à cidade, até sua saída, sua volta para casa, que, dependendo do seu nível de satisfação, pode ser com muitas lembranças da cidade, sensações e suvenires, segurança e tranqüilidade, e muita vontade de ficar mais um pouquinho, e de voltar, assim que puder, trazendo familiares e amigos. Não basta uma placa na entrada da cidade dizendo "bem-vindo a..." e outra na saída dizendo "obrigado, volte sempre", ou "... agradece a sua visita".

É bom ter-se em mente que os visitantes tornam-se a cada dia mais experientes e exigentes, qualquer que seja a idade, escolaridade e nível de renda. Isto vem acontecendo por vários motivos: os meios de comunicação a que tem acesso; o esforço de poupança que fazem para investir numa viagem como fonte de prazer, descanso e realização; a experiência de outras viagens a outros locais, cujos atrativos e serviços podem ser comparados. Portanto, a escolha de um local para passar feriados prolongados, férias e datas especiais leva em consideração vários fatores, muitas vezes cruzados entre si, para avaliar a relação custo/benefício. Naturalmente, para esta decisão são avaliados os atrativos do destino, daí a necessidade de uma localidade definir bem seus produtos e serviços, a partir de seus atrativos, para ter boa competitividade com outros destinos e criar uma estrutura de animação capaz de reter, pelo maior tempo possível, o visitante. Quanto maior o tempo de permanência de um visitante numa cidade ou região, mais gastos ele terá e mais dinheiro deixará no local visitado. Mas isto só acontecerá se ele estiver gostando, se suas expectativas estiverem sendo correspondidas, enfim, se o visitante estiver satisfeito. Ele não quer apenas coisas diferentes e novas, ambientes calmos ou agitados, produtos e serviços caros ou baratos. Ele quer produtos e serviços com qualidade. Resta-nos entender exatamente o que é qualidade.

O Que se deve Entender por Qualidade?

O termo qualidade vem constituindo-se palavra de ordem no estudo da administração e conseqüentemente, no discurso de gestores em geral, principalmente na área empresarial. Para se entender porque isto vem acontecendo é conveniente que se faça uma rápida retrospectiva do processo de produção.

Até o início da Revolução Industrial o processo de produção era artesanal, portanto, era comum a produção por encomenda, a partir da especificação dada pelo cliente, dentro das habilidades dos artesãos. Com a Revolução Industrial desencadeou-se o processo de produção em escala, no qual não havia grande preocupação com a vontade do consumidor. Todos os produtos industrializados eram considerados modernos, eram mais práticos; era claro o potencial de consumo para tudo quanto se produzisse, sem grande preocupação com as necessidades especiais do consumidor. Com a consolidação da industrialização e a forte concorrência na oferta, já em torno da metade do século passado as empresas, preocupadas com a produtividade, indispensável à sua sobrevivência e sucesso, passaram a atentar para a necessidade da qualidade como forte componente da produtividade. Para Penteado,[10] a produtividade consiste no estabelecimento do equilíbrio da utilização dos recursos materiais e humanos de cada país, podendo sua dinâmica constituir um sistema de ações coordenadas, capaz de ser utilizado por todos. Em sentido mais amplo o autor considera que a produtividade depende do desenvolvimento dos recursos humanos, polarizando habilidade, vontade, interesse, consciência, técnica, organização, gerenciamento, no contexto social, econômico e político. Portanto, a qualidade passou a ser considerada um dos componentes-chaves para a produtividade, considerando-se que a oferta sendo maior que a demanda leva o cliente a escolher produtos que melhor atendam as suas necessidades. O desafio da qualidade como componente da produtividade passa então a ser associada à idéia do marketing, a partir da transferência do foco da empresa do mercado produtor para o mercado consumidor; considerando-se que há mais produtos para vender que pessoas em condições para comprar, a empresa deve preocupar-se primeiramente em descobrir o que estas pessoas desejam comprar para em seguida produzir, com aquelas características, ainda que não seja por encomenda. É a produção com base na pesquisa de mercado.

Registram-se tentativas para a melhoria da qualidade em várias épocas e países, mas foram os japoneses que sentiram a necessidade premente da qualidade para a produtividade, no final da década de 40, e começaram a investir na idéia, com toda condição de que dispunham, contando para isto com a orientação de pioneiros no assunto, como os autores Deming e Juran. Nasceu assim, no Japão, o sistema de Qualidade Total, que ajudou este país a ressurgir das cinzas e a se posicionar muito bem no *ranking* das grandes potências. Estes autores consideram a qualidade o caminho para a revolução da administração, rumo à competitividade, e acrescentam que isto só será viabilizado através de mudanças nas relações entre empresas e governos, com fins de planejar para o futuro, evitando desperdícios de mão-de-obra, de materiais, de tempo, baixando custos, baixando preços. Defendem para isto a mudança de relações entre empregadores e trabalhadores, baseada no compromisso da continuidade da empresa no mercado, com muita competitividade. Isto requer dos trabalhadores confiança e entusiasmo, condições proporcionadas pelos empregadores através da proteção do investimento, assegurando empregos e melhorando a qualidade de vida no trabalho e na família. Esta filosofia abandona a avaliação do desempenho da empresa com base apenas nos lucros imediatos, passando a considerar também a sua responsabilidade social, ou seja, a responsabilidade de contribuir para a melhoria da qualidade de vida da comunidade onde atua, pela melhoria de renda de seus empregados (através da qual a família passa a ter acesso ao consumo de produtos e serviços como higiene, saúde, educação, cultura, etc.), ou envolvendo-se diretamente na melhoria da educação, saúde e meio ambiente.

Considerando que o turismo é uma atividade que exige a participação de empresas, do governo e do terceiro setor, entendemos que todos estes atores são igualmente responsáveis pelo processo de qualidade na receptividade de uma cidade ou de uma comunidade, portanto, a todos se aplicam as reflexões anteriores. Mas, vamos, enfim, às definições de qualidade.

O termo qualidade apresenta muitos significados, a partir da ótica de várias ciências. Registra-se que, em geral, os diferentes enfoques apontam para dois raciocínios: o raciocínio tradicional, no qual qualidade significa apenas ausência de falhas, e um mais inovador, ligado às características do produto, capazes de assegurar a satisfação do cliente, incluindo desde características básicas a outras de caráter mais abrangente, como efeitos do produto ou serviço sobre o meio ambiente.[8] Este autor define o termo qualidade como *fitness for use* ou, como traduziu Teboul,[13] aptidão para o uso. Examinando algumas das principais definições tem-se:

- Para Ishikawa, *apud* Teboul,[13] "a qualidade consiste em desenvolver, criar e fabricar mercadorias mais econômicas, úteis e satisfatórias para o comprador (...) administrar o preço de custo, o preço de venda e o lucro";
- Para Lee Iacocca, *apud* Castelli,[3] "Qualidade é uma atitude. Não tem começo, meio e muito menos fim. A qualidade de um produto é o processo pelo qual ela é incorporada a esse produto, exige uma continuidade e deve chegar a integrar-se à mentalidade de cada funcionário";
- Para Imai, *apud* Castelli,[3] "No sentido mais amplo, qualidade é qualquer coisa que pode ser melhorada. Neste contexto, a qualidade é associada não apenas aos produtos e serviços, mas também à maneira como as pessoas trabalham, as máquinas são operadas e como os sistemas e procedimentos são abordados. Ela inclui todos os aspectos do ser humano";
- Como definição oficial da International Organization for Standartization (ISO), *apud* Teboul,[13] "qualidade é o conjunto de propriedades e características de um produto, processo ou serviço que lhe fornecem a capacidade de satisfazer as necessidades explícitas ou implícitas";
- Para Crosby,[5] "Qualidade é conformidade com os requisitos".

Através destes conceitos considera-se que, para a melhoria da qualidade de produtos e serviços, faz-se necessário investir, acima de tudo, no ser humano que participa do processo, seja qual for seu nível de contribuição, além do investimento em estrutura, equipamentos e sistemas. Para que a idéia da melhoria contínua esteja presente nas organizações é preciso que esta idéia esteja presente na cabeça e nos corações de todos, desde o mais alto cargo ao mais simples colaborador. Daí a importância da criação desta mentalidade, no âmbito das organizações públicas e privadas, seja numa grande ou pequena empresa, numa prefeitura de um município de pequeno ou médio porte, para a criação e manutenção de uma boa imagem, melhor posição no mercado, clientes satisfeitos e, enfim, competitividade.

Explorando um pouco mais os conceitos anteriores, especificamente o de Crosby:[5] "qualidade é conformidade com os requisitos". Que são requisitos? São as respostas a determinadas exigências do cliente, e devem orientar o processo de planejamento, implantação e operacionalização de projetos e de prestação de serviços. Por exemplo: quais são os requisitos de um apartamento para deficientes físicos? Tais requisitos, já previstos em legislação específica, devem ser observados, desde a elaboração do projeto, para que possam ser atendidos aspectos relativos ao tamanho mínimo exigido, aos equipamentos e instalações e às facilidades de serviços. A avaliação da qualidade pelo cliente leva em consideração a conformidade com o requisito, ou seja, com aquilo que ele esperava ter, por obrigatoriedade. Mas a avaliação da qualidade também é feita através de outros aspectos, nem sempre muito simples. É consenso entre muitos autores a existência de dois tipos de componentes, presentes no processo de avaliação: os materiais e os imateriais, que sintetizam as características de produtos e serviços.

Segundo Mitra,[9] as características podem ser assim agrupadas:

- Estruturais (tipo comprimento, duração, peso, textura, etc.);
- Sensoriais (tipo sabor, aroma, aparência, etc.);
- *Time-oriented* - orientação (garantia, confiabilidade, durabilidade, etc.);
- Ética (como honestidade, cortesia, amizade, etc.).

Os componentes materiais são representados pelo conjunto de elementos que caracterizam a qualidade técnica, ou seja, pelos aspectos tangíveis, por aquilo que o cliente sente, vê, pega. Quando se visita um lugar qualquer, faz-se a primeira avaliação enfatizando os componentes materiais, como a limpeza das ruas, a aparência das residências, a conservação das praças e monumentos, iluminação, sinalização, acesso, situação de restaurantes, lanchonetes, bares, em relação à conservação, limpeza, decoração do ambiente, arrumação das mesas, dentre outros aspectos. Estes aspectos são mais fáceis de se avaliar, pois são mais fáceis de serem percebidos, tais quais se apresentam. Já os componentes imateriais tornam-se mais difíceis, pois são representados pelo conjunto de ações que caracterizam a qualidade humana, portanto, são os aspectos subjetivos do serviço, como disposição para servir, amabilidade, cortesia, empatia, cooperação, aroma do ambiente e da comida, gosto da comida, "clima" do restaurante ou do hotel, traços que caracterizam a cidade, como bucolismo, agitação, harmonia, etc. Muitas vezes são detalhes que fazem um visitante sentir-se tão bem recebido que ele se sente como se estivesse em casa, ou como se fosse um visitante já bem familiarizado com a cidade, embora a esteja visitando pela primeira vez. Por outro lado, existem outras implicações que se constituem verdadeiros desafios para quem se compromete a melhorá-la: a primeira é uma certa subjetividade no conceito da qualidade, considerando que a avaliação é feita pelas pessoas, portanto, depende de suas experiências, de seu estado emocional no momento que realizam a avaliação. Desta forma, duas pessoas da mesma classe social, do mesmo sexo, do mesmo estado civil, do mesmo nível cultural, com os mesmos objetivos da viagem podem avaliar diferentemente o mesmo atendimento. Depende do seu estado de espírito, do seu nível de estresse naquele momento. Se teve problemas recentes no trabalho, na família, na viagem, tudo isto influenciará sua avaliação. A segunda é um certo grau de ambigüidade. Nesta situação pode-se deparar com alguém para quem a simples ausência de falhas signifique qualidade total, enquanto para outros a qualidade passa pela superação da expectativa. Outra situação diz respeito a aspectos culturais, para os quais nem sempre estamos atentos e que podem levar a diferentes compreensões. É o caso de um filé ao ponto. Como é um filé ao ponto para você? Será que é da mesma forma que o filé ao ponto do gaúcho? Será que o apimentado do baiano é a mesma coisa que o apimentado dos demais brasileiros?[3]

A qualidade apresenta ainda múltiplas dimensões que devem ser consideradas no seu processo de melhoria, pois são importantes para o processo de definição e organização estratégica de produtos e serviços para uma empresa, uma cidade, um restaurante, etc. Tais dimensões, implicam em atributos fundamentais para avaliação da qualidade, sistematizados por Garvin, *apud* Mitra,[9] e analisadas por vários autores, dentre eles Castelli,[3] associando estes atributos à qualidade na hospitalidade. São eles:

- *Desempenho:* o produto/serviço cumpre sua finalidade? A finalidade de uma pousada, um hotel é o acolhimento para o repouso, o sono, o descanso. Seu estabelecimento efetivamente cumpre esta finalidade ou seu hóspede reclama de barulho, excesso de claridade, colchão e travesseiro desconfortáveis, com mofo, etc.?

- *Confiabilidade:* diz respeito à confiança que se pode ter no produto, que antes de comprar, examinamos até mesmo o período de garantia. Em alguns serviços, como os da atividade turística, não funciona bem assim, pois a avaliação acontece praticamente de forma simultânea, com situações de exceções, como, por exemplo, uma comida deliciosa que só algum tempo depois de ingerida começa a agredir nosso organismo. Esta simultaneidade beneficia a empresa, haja vista a possibilidade de correções imediatas, tentando evitar que o cliente saia insatisfeito. A confiabilidade é uma forte estratégia para conquistar a fidelidade do cliente;

- *Características:* dizem respeito ao suplemento dos produtos ou serviços adicionais, ao funcionamento básico, como facilidade e flexibilidade de uso. Ex.: possibilidade de um *earlier check-in* (entrar no hotel antes da hora combinada, normalmente meio-dia) e/ou *late check-out* (sair depois do horário em que a diária venceu, normalmente também meio-dia); possibilidade de liberação de alguns quilos de excesso de bagagem, numa determinada companhia aérea;
- *Conformidade:* refere-se ao cumprimento do que está padronizado. Tomando como exemplo um hotel ou um restaurante: se o hotel promete serviços com padrões internacionais não pode fugir de determinados padrões (de acordo com sua categoria). No caso de um prato, relacionado no cardápio, deve ser observado rigidamente o modo de fazer, a guarnição, a forma de apresentação, a não ser que o próprio cliente solicite qualquer alteração;
- *Durabilidade:* todo produto tem sua vida útil limitada. É preciso cuidados especiais para que um produto cumpra sua função, durante todo o tempo previsto, como a manutenção, a renovação e quando necessário, sua substituição, antes que cause prejuízo a imagem da cidade ou da empresa.
- *Atendimento:* é a parte essencial da prestação de serviços, mas muitos ainda não entenderam isto. A cada dia abrem-se novas lojas, restaurantes, lanchonetes, pousadas, hotéis, parques, não raro com estrutura física e equipamentos muito bons. O problema começa quando os clientes chegam, como se estes fossem o empecilho. Na verdade falta a atenção necessária ao principal elemento do processo de atendimento - os colaboradores, quer sejam funcionários, proprietários ou pessoas da família que participam da equipe. Para que se consiga efetivamente uma melhoria no atendimento é necessário:

  - Atenção maior, desde definir bem o perfil do colaborador, (grau de escolaridade adequado à função, aptidão para as tarefas, disponibilidade de horários, capacidades técnicas e humanas);

- Um bom recrutamento (procurar os candidatos aos cargos nos locais que oferecem maior possibilidade de melhores perfis, por exemplo, escolas técnicas, sindicatos, faculdades, associações profissionais);
- Boa seleção, (exame cuidadoso do currículo, testes e entrevistas adequadas, busca de referências);
- Treinamento adequado e suficiente. É comum também se ver empresas aplicarem muito dinheiro na construção e em equipamentos, durante meses e meses, e só pensarem na mão-de-obra, quando tudo já esta pronto para funcionar. Dentro de um mês, às vezes nem isto, dependendo do tamanho da empresa, recrutam e treinam os funcionários, e os "jogam" na árdua missão do atendimento, sem o acompanhamento devido. Não lembram que estão jogando dinheiro fora. O sucesso do treinamento depende de um bom perfil selecionado para os cargos para os quais serão treinados. Lembramos também que, hoje, não apenas na pequena empresa, mas na grande também, um funcionário deve ser preparado para uma ação polivalente, ou seja, ser capaz de desenvolver diversas tarefas, para tanto precisa ter uma visão de funcionamento geral da empresa, de seus objetivos, missão e valores. Depende também da forma como o treinamento é realizado. Sabe-se da carência de estruturas de apoio para qualificação de pessoal nos diversos setores, no entanto, esta dificuldade pode ser amenizada com a colaboração de órgãos como SENAC, SEBRAE, ou mesmo contratando experientes profissionais, que façam o treinamento e acompanhem por algum tempo os colaboradores no início das atividades da empresa, até que se sintam suficientemente seguros. O treinamento deve ser renovado, sempre que necessário, para reciclar conhecimentos;
- Condições de trabalho adequadas: muito se poderia falar sobre esta condição. Sintetizando, mencionemos apenas uma carga horária normal de trabalho, meios necessários para a realização das atividades conforme planejadas e padronizadas. Aqui nos referimos não somente aos materiais, equipamentos e espaços, mas também a um ambiente harmonioso, boa alimentação e outros aspectos referentes a um bom plano de assistência aos colaboradores;
- Estética: corresponde à aparência física, que permite sentir seu cheiro, seu sabor, ouvir seu som, ou seja, é a estética que vai dar ao ambiente, o "toque", o "clima", que o torne mais ou menos especial. Pensemos naquelas cidadezinhas limpas, arborizadas, praças com

jardins floridos, casas com pinturas bem conservadas, trânsito tranqüilo, ruas silenciosas...Agora pensemos num barzinho com cadeiras na calçada, tudo limpinho e organizado, e um ambiente interno bonito, aconchegante e acolhedor... e um garçom educado, bem vestido, com um cardápio bonito, prático, em harmonia com o ambiente... e opções interessantes, mesmo que não sejam tantas...;

- Qualidade percebida: já nos referimos aos aspectos subjetivos da qualidade. Isto leva a diferentes percepções sobre alguns produtos ou serviços, pois alguns deles têm características próprias, outros apresentam características que lhes são atribuídas, podendo também cada uma destas dimensões apresentar múltiplas facetas. Isto permite diferentes percepções sobre a qualidade de um produto ou serviço.

As dimensões da qualidade apresentam um cenário bastante complexo, daí a dificuldade da garantia da qualidade que todos propagam e poucos a asseguram efetivamente. Na verdade, isto só é possível se a qualidade for encarada como um processo de melhoria contínua, portanto, incorporado à ação de cada agente do processo. Numa empresa, todos os colaboradores, numa cidade, todos os segmentos da população, principalmente aqueles que já estão organizados ou se organizando, de forma representativa. Por exemplo:

- O que a prefeitura pode fazer para melhorar a qualidade dos serviços e produtos turísticos da cidade?
- O que podem fazer os barraqueiros para melhorar os serviços nas barracas de praia?
- O que podem fazer os artesãos, para melhorar a qualidade do artesanato do lugar?
- O que podem fazer os "bugueiros" para melhorar a qualidade dos passeios, sem comprometer o meio ambiente?
- O que podem fazer os taxistas, os hoteleiros, os lojistas? E assim por diante.

Traçados os planos, é necessário que se estabeleçam processos de avaliação das melhorias, e as pessoas mais importantes neste processo são os clientes, os visitantes, os hóspedes. E eles estão ali, na nossa frente, solicitando-nos alguma coisa, especificando, dizendo como gostariam que fosse, tudo isto de graça. Não ouvir o cliente constitui-se grave pecado e pode significar o primeiro passo para o caminho da falência. Uma das formas de avaliação da satisfação do cliente é a hierarquia de valores, composta de quatro níveis:

1. *Básicos:* atributos essenciais, como limpeza e arrumação dos apartamentos de um hotel;
2. *Esperados:* atributos que o cliente espera encontrar no produto/serviço, porque é já são de praxe, mesmo não sendo essenciais. Ex.: café-da-manhã incluído na diária de um hotel;
3. *Desejados:* atributos que, embora não fazendo parte da expectativa, quando presentes são muito apreciados. Ex.: exposições de arte no ambiente, cortesia de consulta a correio eletrônico, mesmo que por tempo limitado;
4. *Inesperados:* são os atributos que surpreendem positivamente os clientes. Ex.: um *drink* de boas-vindas, na chegada a um hotel ou a um restaurante, uma água, suco regional, ou água de coco, etc.

É muito importante se conhecer quais destes níveis são mais valorizados pelos clientes, para se proceder a uma análise da nossa oferta. Os formulários de opinião de clientes e hóspedes, quando bem elaborados e bem aproveitados, são excelentes contribuições. É claro que nem tudo que o cliente sugere deve ser atendido de imediato. Tudo deve ser cuidadosamente avaliado, dentro dos objetivos da empresa, confrontando com a definição do nosso produto, estudando-se a viabilidade e estabelecendo-se prioridades. Há sempre que se verificar a relação custo benefício, e as tendências do mercado. Mas, como mencionado, é preciso ouvir o hóspede. Muitos autores têm tratado deste assunto nos últimos anos, e há verdadeiras "receitas" para o sucesso, sem que muita gente acerte com exatidão a preparação desta receita. Segredo: é preciso tino para o negócio, ou seja, é preciso certa intuição, conhecimento, vontade de realizar, além do conhecimento técnico. No que se refere à qualidade na receptividade, é importante lembrar também que receber é uma arte, portanto exige conjugação harmoniosa de muitas ações e de muitos esforços.

Com a compreensão do que seja a hospitalidade e feitas as considerações conceituais e as primeiras reflexões sobre questões ligadas à qualidade, procede-se a uma verificação para se saber como está a qualidade na receptividade de nossa cidade. Começa-se examinando se a divulgação que é feita do município corresponde à verdade, ou seja, é procedente? Tem suporte? O visitante encontra realmente o que é anunciado?

Depois, deve-se examinar aspectos gerais do local, como atrativos e infra-estrutura básica e turística. A este conjunto de itens para atrair visitantes chamamos de produto turístico, termo usado também em referência ao próprio destino. Ex.: o produto Ceará, o produto Canoa Quebrada. Quando se ouve algum comentário tipo "o produto turístico não está pronto para ir para a prateleira", significa que um determinado local ainda não está suficientemente organizado para ser divulgado para as empresas de turismo e para o público em geral, pois não tem ainda condições para dar suporte aos visitantes, de forma satisfatória.

Que produtos e serviços devem ser oferecidos numa localidade visando melhorar a satisfação do visitante que demanda o atrativo, alongar o tempo de permanência do visitante no local e aumentar esta demanda? Primeiramente, deve-se fazer um estudo, para verificar as reais necessidades. Nem sempre há necessidade de um hotel nas imediações de um atrativo. Isto só deve acontecer se a distância de opções de hospedagem se justificar, ou se o atrativo se encontrar em lugar muito agradável, com vista ou clima privilegiado, por exemplo. Serviços relacionados ao ordenamento do trânsito, estacionamento, segurança, informação, hospedagem, alimentação, transportes, guias de turismo, lazer, saúde, compras, serviços de apoio em geral como postos de gasolina, pontos de apoio para pessoas em trânsito, oficinas mecânicas, devem ser disponibilizados. Um fato importante é o desfrute de atrativos também pela comunidade local, que através desta estrutura de atrativos, produtos e serviços para o visitante também pode divertir-se, recrear-se, educar-se, dependendo da proposta que aos atrativos for aplicada. Há de ser bem definida a participação de governo e empresários neste processo. Considerando o ganho social que pode acontecer para a população, com a possibilidade de geração de emprego e da melhor distribuição de renda local, o setor público deve ter responsabilidade pela infra-estrutura e pelos serviços básicos. O empresário, apesar da responsabilidade social que deve ter a empresa, como já salientamos, participa do processo de desenvolvimento do turismo como um negócio, e como todo negócio, deve ser analisada a sua viabilidade econômica. Qualidade hoje é condição básica para a continuidade da empresa no mercado, com a continuidade do negócio, para assegurar empregos, portanto, deve definir os padrões de qualidade de produtos e serviços que decide oferecer, com base em pesquisa de mercado. Há também a necessidade de muito cuidado na conciliação dos interesses de moradores e de visitantes, e de visitantes com visitantes. Se o turismo só é bom se for bom para moradores e visitantes, é preciso verificar se determinadas demandas do visitante não incomodam os moradores e até mesmo a tranqüilidade dos demais visitantes. Os moradores não devem perder seu sossego ou alterar involuntariamente seu ritmo de vida para a satisfação do visitante. Cabe à população, partícipe do processo de desenvolvimento do turismo de um determinado lugar, definir seus produtos turísticos em função de seus atrativos e do perfil do turista que deseja receber, e a partir daí desenvolver estratégias para atrair e atender da melhor forma possível o público desejado. A comunidade não deve tratar mal os visitantes indesejados (aqueles que perturbam a ordem e a paz local, representando inclusive ameaça de afastar os visitantes desejados), mas não deve dizer amém aos desejos sem limites destes. Inúmeras vezes o turista é aborrecido em distantes e bonitos lugares, onde busca sossego, silêncio, para se livrar das tensões do barulho das grandes cidades, pela presença de moradores ou de outros visitantes que estacionam seus veículos perto deles, com potentes aparelhos de som ligados a toda altura. Se este lugar for nas imediações de um parque ou floresta até os animais serão incomodados. Para que isto seja evitado faz-se necessário um bom ordenamento da atividade, com boas posturas legais. Isto é fundamental para que a cidade possa assegurar serviços de boa qualidade aos visitantes que quer receber.

Componentes do Produto Turístico em Função da Qualidade da Receptividade

Atrativos

Os atrativos consistem nos recursos naturais, artificiais e nos eventos (oferta) e devem ser capazes de gerar visitas (demanda) e oferecer o motivo individual mais importante para o turismo de lazer, numa determinada localidade. São tão importantes que o argumento "muitas coisas boas para ver e fazer" supera as dificuldades com transporte e hospedagem pouco confortáveis. É o caso de pessoas que viajam para lugares lindos, sem praticamente nenhuma estrutura de facilidades para o visitante, simplesmente pelo prazer de ver e fazer coisas que consideram maravilhosas. Lembremos o caso de Canoa Quebrada, quando foi descoberta pelos hippies,

Jericoacoara e tantos outros locais belíssimos ainda nesta situação. É por isto que devem a qualquer custo ser preservados, pois neste caso, apesar das facilidades serem muito importantes, o atributo principal de avaliação do visitante é a originalidade do lugar.

Tradicionalmente as atrações turísticas são agrupadas em naturais e artificiais. A atração natural tem sua base na natureza, como o próprio nome diz; as atrações artificiais resultam da história e da cultura de um povo, conforme discrimina a Tabela 10.1.

Todos estes atrativos devem ser adequadamente ofertados, ou seja, encontrar-se devidamente preservados, com boa política de conservação e utilização, dispor de bons acessos e meios de transportes adequados, dispor dos serviços de infra-estrutura básica e serviços turísticos necessários e harmonizados com o meio ambiente e, naturalmente, com bom atendimento.

Os eventos também se constituem ótimas atrações. Têm-se notícias de grandes eventos até mesmo na Antigüidade, que atraiam milhares de pessoas, como os jogos olímpicos, na Grécia, os grandes espetáculos nos famosos circos romanos, alguns com capacidade para 40 mil pessoas. Hoje os eventos apresentam-se como ótimas alternativas para o combate à sazonalidade e para o incremento da atividade turística, em qualquer época do ano. São muitas as modalidades de eventos, desde as pequenas reuniões festivas de amigos aos grandes eventos religiosos, culturais, comerciais, técnicos, científicos e esportivos. Tomando como exemplo uma Copa do Mundo, os Jogos Olímpicos da atualidade, os pequenos eventos locais e regionais, como feirinhas de artesanato, festivais de toda ordem, inclusive culinária ou gastronômica, campeonatos diversos. Tudo isto, quanto mais autêntico, mais bem organizado, mais terá poder de atração, servindo também de ótima oportunidade de lazer para a população local. Quanto maior o evento, mais complexa sua organização, pelo número de parceiros que um grande evento exige, tornando também maior a responsabilidade do organizador e da cidade em que o evento acontece, em relação à qualidade do atendimento. Esta complexidade vem estimulando algumas cidades, que perseguem a competitividade como destino de eventos, a implantar a idéia do trabalho organizado como cadeia produtiva de eventos, cadeia produtiva do turismo.

Tem sido cada dia mais oportuna a associação de atrações naturais a atrações artificiais, como no caso de uma exposição de artes, concertos, etc. em lugares com vistas privilegiadas. Outra prática mais recente, que vem se consolidando como grande tendência, é a restauração de antigos centros comer-

Tabela 10.1 – Atrativos turísticos

Atrativos Histórico-culturais	
Paisagem; parques nacionais; locais com vistas e fenômenos naturais de destaque; clima; vegetação; florestas; animais selvagens; rios; quedas d'água; áreas de caça e pesca; fontes hidrominerais ou hidrotermais; reservas de fauna e flora; lagos, lagoas, e represas; pântanos; praias; restingas e mangues; baías e enseadas; cabos e pontas; falésias e barreiras; dunas; ilhas; arquipélagos; recifes; montanhas; picos e cumes; serras, montes, morros e colinas; planaltos e planícies; chapadas; vales; rochedos; grutas e cavernas; etc.	
Edificados	Arquitetura civil; arquitetura religiosa e funerária; arquitetura industrial e agrícola; arquitetura militar; ruínas; esculturas; pinturas; sítios históricos e científicos; instituições culturais de estudo, pesquisa e lazer; bibliotecas e arquivos; institutos históricos e geográficos; galerias de arte; museus; centros comerciais antigos; parques temáticos e de lazer; jardins; espaços de lazer; salas de exposições; centros de negócios; locais esportivos; teatros; hotéis; centros de férias; outros legados (jóias, lustres, mobiliário, livros e objetos raros).
Manifestações e usos tradicionais e populares	Religiosas; populares e folclóricas; cívicas; gastronomia típica; artesanato; feiras e mercados.
Realizações técnicas e científicas contemporâneas	Exploração agrícola e pastoril; exploração de minério; fazendas-modelos; estações experimentais; exploração industrial; obras de arte e técnica; centros científicos e técnicos; zoológicos, aquários e viveiros; jardins botânicos e hortas; planetários.
Acontecimentos programados	Eventos de toda natureza (técnicos e científicos, comerciais, desportivos culturais, assistenciais); assembléias; conferências; congressos; convenções; cursos; debates; encontros; exposições; feiras; fóruns; jornadas; mesas-redondas; painéis; palestras; reuniões; seminários; shows; simpósios; solenidades diversas.

Adaptada de Beni[2] e Cooper.[4]

ciais e históricos, que tem sua vida devolvida, através de forte componente de lazer. Além da conservação destes atrativos, a eles devem ser associados produtos e serviços de qualidade, que lhes agreguem valor.

Infra-estrutura

Para que possa ser assegurada a qualidade na receptividade de um núcleo turístico é necessária também uma infra-estrutura adequada ao tipo de visitante que a cidade quer atrair. A infra-estrutura básica urbana consiste em tudo que é edificado (abaixo ou acima do solo) para dotar um lugar de condições para ser habitado. Ex.: serviços de utilidade pública como esgoto, tratamento sanitário, água, energia, pavimentação de ruas, comunicação; outros serviços como transportes, rodoviária, aeroportos, estacionamento; equipamentos sociais como os destinados aos serviços e bem estar da população, serviços de segurança, dentre outros, todos compartilhados pelos moradores do lugar.[4] Na Tabela 10.2, visualiza-se o sistema de infra-estrutura turística.

Os equipamentos e instalações de apoio são muito utilizados também pelos moradores do local, mas existem muito em função das atrações. Ex.: postos de gasolina, borracharias, rede gastronômica, diversões, serviços destinados aos cuidados com a saúde como clínicas e farmácias, bancos, casas de câmbio, centros de compras e demais equipamentos que surgem para dar suporte a um fluxo de visitantes que se dirigem para um determinado local.

Para que um destino turístico tenha boa condição de receber visitantes precisa atentar para um conjunto de providências necessárias ao tipo de visitante que quer atrair, como: acesso, alojamento, alimentação, informação, entretenimento, segurança e outros serviços, como os de guias de turismo.

Dependendo do perfil do visitante e do local, alguns desses itens podem assumir importância maior para a avaliação da qualidade da receptividade: por exemplo: para um visitante de Jericoacoara é mais importante haver saneamento básico e praia limpa do que comunicação e energia, considerando as razões que o levaram a escolher "Jeri". Também é preciso que cada um destes itens seja examinado à luz da importância que os visitantes dão aos atributos. Conhecer o perfil dos visitantes, que viajam por motivos os mais diversos possíveis, é condição básica para o sucesso do planejamento e da gestão de qualquer negócio, principalmente das atividades turísticas.

TABELA 10.2 – INFRA-ESTRUTURA TURÍSTICA

	Infra-estrutura
De acesso	Estradas; portos; aeroportos; rodoviárias.
Básica urbana	Saneamento básico; abastecimento de água tratada; coleta e disposição de esgotos; energia e iluminação pública; pavimentação de ruas; limpeza pública; segurança; transporte coletivo; comunicações; abastecimento em geral; conservação de logradouros públicos.
	Equipamentos/Serviços
Turísticos	Hospedagem; transportes; agências de viagens; guias de turismo; lojas de suvenires; locadoras de automóveis; preservação e conservação dos atrativos naturais e culturais com vocação turística e de suas vias de acesso; sistema de informação e sinalização turística; instalação de equipamentos de interesse paisagístico e de incremento às atividades turísticas como: teleféricos, píeres, rampas para saltos e vôos; equipamentos básicos em espaços culturais e de recreação como: sanitários, bebedouros, balneários com vestiários; terminais de transportes e estacionamentos.
De apoio	Alimentação; lazer; bancos; centros comerciais; serviços de saúde; farmácias; casas de câmbio; correios; oficinas mecânicas; expedição de documentos; delegacias; bombeiros; salva-vidas.

Adaptada de Barreto[1] e Beni.[2]

Em todos estes itens é da maior importância a qualidade da estrutura física, sua harmonia com o ambiente, a modernização dos equipamentos para maior agilidade dos serviços, mas de nada adiantará se o principal item da atividade turística não estiver presente - um bom atendimento.

Em que Consiste um Bom Atendimento?

A origem do termo "atendimento" vem de "atender", do latim *attendere*, com significados como: prestar atenção, tomar em consideração, levar em conta, ter em vista, considerar, dar, atentar, observar, notar, acolher, receber com atenção e cortesia, escutar atentamente, dar audiência, dar despacho favorável, deferir. Estes são os significados mais presentes na maioria dos dicionários e enciclopédias. Mas nem sempre estes significados estão presentes na mente de todas as pessoas que prestam serviços. Um bom atendimento depende de muitos fatores, dentre os quais uma boa escolha dos colaboradores que devem prestar atendimento. Estes colaboradores devem gostar do contato com pessoas, pois o atendimento se processa através da comunicação, de forma pessoal ou através de vários recursos, inclusive os tecnológicos, cada dia mais comuns, como telefone e computador. Sabe-se que o processo da comunicação humana é complexo, depende de vários fatores, e como se dá entre pessoas e as pessoas não são perfeitas, logo surgem as deficiências no processo de comunicação e, conseqüentemente, na qualidade do atendimento. Mas a comunicação humana é um processo que deve estar sempre melhorando, e este é o nosso desafio maior. E a opção para a atuação na área de serviços, no acirramento da concorrência que caracteriza nossa época, exige esta postura, do contrário não seremos competitivos.

O bom atendimento tem como objetivos:

- Preservar ou criar uma boa imagem para a organização (empresa ou outras instituições);
- Satisfazer as necessidades do cliente, atendendo com rapidez e eficiência suas expectativas;
- Prestar as informações desejadas, orientando o cliente no que for preciso;
- Estabelecer um clima de bem-estar entre a organização e o público;
- Valorizar o público que freqüenta a organização;

- Proporcionar uma impressão de boa acolhida ao cliente;
- Despertar no cliente simpatia pela organização;
- Conquistar o cliente para que ele retorne e influencie positivamente outras pessoas em relação ao produto;
- Provocar interesse pelos produtos e serviços que a organização oferece.

Para que estes objetivos sejam alcançados, numa empresa, organização ou cidade, é preciso que haja cooperação entre as inúmeras pessoas que formam a organização, entendendo-se por organização um sistema de atividades conscientemente coordenadas. Cada pessoa que faz parte de uma organização precisa conhecer sua dinâmica como um todo, suas atividades, filosofia de trabalho, políticas próprias, produtos ou serviços e clientes, principalmente os que prestam informações, serviços e orientações. Ninguém costuma perdoar um mau atendimento; mesmo que isto parta de uma pessoa só, a tendência é a generalização para atribuir a falha a toda a organização, isto porque para o público em geral quem está prestando uma informação/serviço representa a organização. Por isto, todos numa organização devem ter conhecimento bastante para bem informar e orientar os clientes, de forma a satisfazê-los. Conhecer é uma palavra meio mágica. Há um ditado que diz que ninguém ama aquilo que não conhece. Então, no caso de cidades ou regiões que querem desenvolver o turismo, a população local deve estar toda envolvida, conhecer suas atrações, produtos e serviços, para que possa "vender bem" o lugar e projetar uma boa imagem. Com isto, deve ser trabalhada a idéia de que todos devem ser bons vendedores.

Além destas recomendações registram-se outras, para um bom atendimento, tais como cuidados com os colaboradores das organizações em relação a:

- *Vestuário* (roupas confortáveis, de acordo com o clima, o tipo físico, a hora, o local e as circunstâncias, preferir o mais simples, evitando extravagância, que traduz mau gosto);
- *Hábitos de higiene* (cabelos, unhas, barba e bigode limpos e bem cuidados);
- *Apresentação geral* (evitar jóias, decotes e transparências, usar maquiagem discreta e adequada, perfume discreto, preferencialmente colônias);

- *Atitudes* (não fumar, não comer e nem mascar chicletes no ambiente de trabalho).

Em relação ao atendimento em geral, deve-se atentar para o que comumente se chama de os 5 "C" de uma boa comunicação: *C*lara, *C*orreta, *C*ompleta, *C*oncisa e *C*ortês, e ainda responder, sempre que necessário, às perguntas: o que, quem, quando, onde, como e por quê. Deve-se também ter alguns cuidados com a voz: boa modulação, boa dicção e pronúncia; pausas e ritmos adequados, ênfase devida às palavras; falar em tom adequado (nem alto, nem murmurado, nem meloso, nem áspero), deve-se ainda evitar completamente o uso de termos íntimos como: meu anjo, meu bem, querida, minha flor, dentre outros que possam denotar intimidade; tratamentos muito cerimoniosos também devem ser usados com cautela. Os pronomes de tratamento mais adequados, para todas as pessoas, em qualquer situação, são senhor e senhora, para se evitar erros, gafes e melindrar pessoas. O termo doutor só deve ser usado quando se tiver certeza que a pessoa faz jus a este tratamento, pois é um título acadêmico destinado a quem defende tese de doutorado. È comum também atribuí-lo a algumas profissões como as de médico e advogado, portanto, na dúvida deve ser evitado. Deve-se ouvir e falar olhando o cliente, fazendo-o sentir-se único naquele momento, nem que seja apenas por um segundo, quando ele sente que toda nossa atenção é para ele.

Após a abordagem sobre qualidade, receptividade, atendimento e sobre vários aspectos importantes para a organização da oferta turística, volta-se ao nosso apelo inicial de ampliar para o âmbito da cidade a ser avaliada aquelas indagações levantadas, no exercício de resgatar da lembrança as providências necessárias para se receber com tranqüilidade alguém em casa. Examinando os seguintes aspectos, que representam as indagações levantadas, devidamente sistematizadas:

Acesso

Como estão os acessos para a cidade e para seus atrativos? A pavimentação está boa? E a sinalização de trânsito? As placas estão legíveis? Não estão pichadas nem cobertas pelo mato? A sinalização turística é adequada e suficiente?

Alojamento

A cidade precisa de serviços de alojamento? Dispõe do tipo de alojamento que precisa (além de pousadas e hotéis, podem existir outros tipos de equipamentos como casas de aluguel, *campings*, colônias de férias, dentre outros)? O número de leitos (camas) é suficiente para atender toda a demanda prevista para um determinado período, por exemplo, carnaval? Os serviços de abastecimento d'água estarão garantidos para todos os visitantes, durante todos os dias que permanecerem no local? O número de colaboradores é suficiente para atender a todos, a contento? Todos os colaboradores estão em condições de prestar um bom atendimento? Dispomos de todos os materiais necessários a este bom atendimento?

Alimentação

A localidade dispõe dos serviços de alimentação necessários? Como é a qualidade do atendimento dos garçons em nossos restaurantes, lanchonetes, bares, barracas, casas noturnas e similares? E a qualidade da alimentação? A cidade explora bem a culinária regional? Ela é bem apreciada? Qual é a sua capacidade de atendimento? Nos dias de grande movimento a qualidade da comida cai, pela velocidade com que a cozinha tem de trabalhar ou é mantido o mesmo padrão? E como anda o asseio e a apresentação de seus restaurantes e cozinhas? Pode-se receber com tranqüilidade um cliente que deseje visitar a cozinha ou o garçom deve dar uma desculpa como "só com autorização do gerente, que não está no momento" ou "agora não, pois o movimento está grande e atrapalha?". A cozinha atende normas básicas de higiene e segurança, estipuladas para os locais de produção de alimentos?

O SEBRAE-Ceará, em conjunto com a Secretaria de Saúde do município de Fortaleza,[8] organizou e publicou, de uma forma bem simples, um *Manual de normas higiênicas para estabelecimentos que servem alimentos*, cujas normas, em síntese, são:

- Alimentos de origem animal devem ser de fontes aprovadas, comprovadas através de notas fiscais;
- Nada de desdobramento, adição ou substituição de alimentos, como adicionar bromato ao trigo;
- Devem ser verificados os estados de conservação, estocagem, proteção, higienização e qualidade dos alimentos, que dependem de móveis e utensílios limpos, qualidade da água utilizada, lavatórios e pias limpas, bons cuidados com lixo e o resto de alimentos, controle permanente de insetos e roedores, sem presença de animais, iluminação

e ventilação suficientes e adequados, vestiários e sanitários para funcionários, com armários individuais limpos e fechados; estacionamento, calçadas e redondezas limpos e seguros.

Isto é apenas o básico no que se refere à higiene. A qualidade de um restaurante, lanchonete e de similares consiste ainda em outros pontos como localização, arquitetura, decoração do ambiente e arrumação das mesas, limpeza em geral e ausência total de insetos, música ambiente, qualidade da comida, atendimento (tempo devido, cortesia, orientação) e preço justo.

É preocupação, no que se refere às empresas de alimentação, o item limpeza e ausência de insetos. Muitas vezes um estabelecimento está limpo, no entanto, cheio de moscas. Daí deve vir a compreensão da responsabilidade de todos, no que se refere às ações para melhoria do meio ambiente. Não basta um estabelecimento estar limpo. Se seu entorno e imediações apresentarem problemas de limpeza, por mais que lutem isoladamente não vão conseguir controlar a presença de insetos no seu estabelecimento, comprometendo, portanto, a qualidade do seu produto.

Informação

É conhecido o velho ditado "a propaganda é a alma do negócio" e não se deve discordar disto, embora se sugira que a informação deva preceder à propaganda, em qualquer negócio.

Em se tratando da atividade turística, uma atividade caracterizada como um complexo global, a informação constitui-se elemento vital. É através da informação que os produtos turísticos são "colocados nas prateleiras". Por não se poder levar o produto turístico até onde o cliente está, tem-se que fazer o cliente ir até o produto, mas mesmo assim a atividade utiliza-se de canais de distribuição, que são as várias formas de vender um destino turístico. Assim sendo, informações sobre um destino turístico devem estar disponíveis em operadoras turísticas, agências de viagens, feiras, exposições, e em muitos outros locais onde for oportuna a divulgação.

As informações turísticas sobre uma cidade ou uma empresa turística estiveram presentes inicialmente através de *folders*, catálogos, revistas, e outras formas; hoje, com o avanço da tecnologia, a tecnologia da informação coloca à disposição de empresas, municípios, regiões e países a possibilidade de melhoria dos seus sistemas de informação, bem como novas possibilidades de estar presentes em todos os cantos do mundo, com a vantagem da possibilidade da atualização constante, através de redes como:

- *Internet,* que facilita a interatividade das organizações e das pessoas com o mundo exterior, por meio dos provedores destes serviços;
- *Intranet,* que facilita a interatividade das pessoas dentro das organizações, através de redes fechadas e seguras, que atendem às necessidades dos funcionários ao disponibilizar todos os dados da organização.

Os destinos turísticos que buscam competitividade devem organizar seu sistema de informação e, sem dúvida, utilizar-se destes recursos tecnológicos. Para ser competitivo, um destino, além de ter bons atrativos, deve apresentar também todas as condições para constituir-se num produto turístico, capaz de ser divulgado, promovido, e efetivamente satisfazer o visitante. Deve atender os itens básicos da composição de um produto turístico, nos níveis mínimos aceitáveis, aos quais já nos referimos. Só então o investimento em informações turísticas se justifica.

Ressalte-se também que o uso da tecnologia da informação não deve dispensar os tradicionais meios de informação, valendo a pena um exame da real necessidade da utilização de cada um deles. Para um visitante que está chegando à cidade é muito interessante um *folder*, um mapa turístico, postos de informações turísticas, na medida do possível em alguns pontos estratégicos como aeroportos, rodoviárias, e postos de informações turísticas, quando possível, com informações eletrônicas.

Que informações disponibilizar através de cada alternativa merece um estudo específico. Por exemplo: um *folder* deve trazer informações sucintas sobre as principais atrações, distâncias, como chegar lá, horários de funcionamento, de forma atraente e objetiva. Já num posto de informações turísticas deve haver informações capazes de responder a todas as perguntas que são feitas pelos visitantes, cuidadosamente anotadas pelos funcionários, para maior eficácia do sistema de informações. Deve haver informações referentes às atrações, transporte, alimentação, lazer, comércio em geral e opções de compras, cultura local, eventos da cidade e da região, igrejas, horários de missas e cultos, atendimento médico, segurança, cuidados especiais que o visitante deve ter na cidade, noções de preços de determinados serviços, dentre outras. Mas, além destes recursos, uma outra estratégia é a capacidade da população, de modo geral, para prestar, solicitamente aos visitantes, informações básicas sobre o local. A qualidade na receptividade de um povo está muito ligada à forma como todos recebem o visitante. Não basta apenas os funcionários dos postos de informações informarem bem. O visitante vai a todos os lugares, e em todos os lugares pode precisar orientar-se, e ficará satisfeito com uma orientação cortês, segura e correta.

Entretenimento

Anteriormente foi dito que quanto maior a oferta de opções de lazer num determinado local, maior será a capacidade de retenção do visitante, aumentando, muitas vezes, seu tempo de permanência média neste local. É importante que os programas de entretenimento estejam ligados aos aspectos culturais do núcleo receptor, primando pela autenticidade de todas as manifestações da cultura. Nestes tempos de globalização o *benchmarking* pode até, em curto prazo, parecer a melhor solução, mas causando, a médio prazo, prejuízos incalculáveis para a cultura local, que se refletirão também na retração do fluxo turístico, pois os visitantes, principalmente os de melhor nível cultural, preferem lugares que apresentem algum diferencial, mais comumente manifestado através da cultura local.

Segurança

Este item constitui condição básica para a qualidade na receptividade de um núcleo receptor e deve apresentar-se como uma extensão dos serviços garantidos aos moradores. Mesmo em lugares que seguem o modelo de desenvolvimento de turismo que segrega o turista em ambientes especialmente planejados só para este público, não se pode oferecer segurança, em seu sentido amplo, envolvendo aspectos de integridade física e de segurança psicológica (segurança pessoal, alimentar, contra doenças, epidemias, roubos, assaltos, segurança na informação, no pagamento justo de preços, dentre outros). É de fundamental importância para a segurança dos visitantes um bom serviço de informação, de sinalização de trânsito e sinalização turística, de ordenamento do trânsito, e de outras facilidades que tornem a estada do visitante a mais tranqüila possível. Muitas cidades, no esforço para assegurar esta condição, estão se equipando com delegacias especiais para turistas. É lamentável ter que admitir esta necessidade, e que estas iniciativas não sirvam de exemplo para pequenas cidades que já estão pensando também nesta providência, pois a melhor saída é realmente garantir a tranqüilidade desejada sem que o turista precise deste tipo de serviço. O policiamento ostensivo em determinados locais também causa insegurança aos visitantes, que passam a sentir a vulnerabilidade do ambiente. Os serviços de segurança por si só, com certeza, não geram fluxo, mas a sua ausência gerará retração de fluxo, e insatisfação do visitante, causando sério comprometimento da imagem do local visitado, junto a inúmeras pessoas do círculo de amizade do visitante e, dependendo da sua condição de formar opinião, prejuízos muito maiores, através da veiculação de notícias desagradáveis sobre o local através da imprensa.

Outros serviços

Uma extensa lista de outros serviços poderia ainda ser citada. Mas não é pretensão detalhar o assunto, lembra-se apenas a especial atenção que deve ser dada ao quesito guias de turismo, serviço que exige qualificação, em suas diversas modalidades. O trabalho desses profissionais exige muita competência, profissionalismo e compromisso, nem sempre encontrados em todos os guias em nossas cidades. Lamentavelmente, há abundantes casos em que o cliente perde, e a cidade perde também, através da insatisfação que o visitante propaga, ao ser conduzido para locais nem sempre os mais indicados, por não se prestarem bons serviços, com bons preços, mas por se pagarem boas comissões aos guias. Um bom guia deve constituir-se um excelente "vendedor de sua cidade, de sua região", não apenas um mero vendedor de pequenos pacotes.

Enfim, a qualidade na receptividade de uma pequena ou de uma grande cidade não apresenta grandes diferenças, pois cada componente desta qualidade deve estar presente, na proporção adequada, tanto nos serviços e ambientes sofisticados como nos mais simples.

Depende da capacidade de sua gente de trabalhar em grupo, de seu entendimento do turismo como uma atividade sistêmica, na qual cada prestador de serviço deve atuar com a consciência de que todos fazem parte de uma grande cadeia produtiva, na qual a participação de cada um engrandeça o todo; da abertura para obter e dominar conhecimentos e técnicas necessárias a um trabalho profissional, da visão de futuro e, sobretudo, da cultura de seu povo, da sua concepção de vida, do seu compromisso como cidadão, de interagir com pessoas com outros pontos de vistas, outras culturas, outros valores e crenças, outros hábitos e preferências, sendo capaz de respeitar estas diferenças e aprender com elas. Depende da capacidade e do prazer de cada um de proporcionar alegria e bem estar aos seus semelhantes, amigos ou clientes, conjugando harmoniosamente o gosto de servir, tão natural para o brasileiro, que chega a ser traço marcante na cultura de alguns Estados do Brasil, e nisto muito bem se destaca o Ceará, às técnicas de bem servir e à arte de bem servir. A qualidade na receptividade de um núcleo receptor é o diferencial capaz de fazer o visitante sentir saudade! De fazer o visitante divulgar suas sensações de bem-estar entre parentes e amigos, através de narrativas e descrições agradáveis sobre o local, suvenires, fotos e outras imagens! E de fazer o visitante retornar, trazendo familiares e amigos!

Referências Bibliográficas

1. ANGELI, M. N. B. *Planejamento e organização do turismo*. Campinas: Papirus, 1991.
2. BENI, M. C. *Análise estrutural do turismo.* São Paulo: SENAC, 1998.
3. CASTELLI, G. *Excelência em hotelaria*: uma abordagem prática. Rio de Janeiro: Qualitymark, 1994.
4. COOPER, C. *et al. Turismo, princípios e prática*. Tradução de Roberto Cataldo Costa. 2ª ed. Porto Alegre: Bookman, 2001.
5. CROSBY, B. P. *Quality is free*. New York: McGraw Hill, 1979.
6. DEMING, W. E. *Qualidade*: a revolução da administração. Tradução de Clave Comunicação e Recursos Humanos. Rio de Janeiro: Marques Saraiva, 1990.
7. FORTALEZA. Secretaria de Saúde. *Manual de normas higiênicas para estabelecimentos que servem alimentos*. Fortaleza: SEBRAE-CE, 1995.
8. JURAN. J. M. *Juran na liderança pela qualidade*: um guia para executivos. São Paulo: Pioneira, IMAN, 1990.
9. MITRA, A. *Fundamentals of quality control and improvement*. 2nd ed. London: Prentice-Hall International, 1998.
10. PENTEADO, J. R. *Marketing de Idéias*: promoção da produtividade no Terceiro Mundo. São Paulo: Pioneira, 1983.
11. PERRIN, D. *La hotelería.* México: Fondo de Cultura Económica, 1986.
12. QUINTAS, M. *Organização hoteleira*. Lisboa: Tip. Jorge Jerônimo, 1971.
13. TEBOUL, J. *Gerenciando a dinâmica da qualidade*. Tradução de Heloisa Martins. Rio de Janeiro: Qualitymark, 1991.

Capítulo 11

FUNDAMENTAÇÃO TEÓRICA DO PRODUTO TURÍSTICO

CRISTIANE BUHAMARA ABREU
NORMA LOPES GINÊZ MOTA
SILVIA HELENA DE MENEZES ROMERO
SÓLON SALES E SILVA

O turismo é classificado como um sistema aberto, composto por cinco elementos, interligados em um amplo meio ambiente. São estes elementos: o turista, a região emissora ou geradora, a rota de trânsito, a região de destino ou receptora e a cadeia produtiva do turismo. Essa classificação tem o respaldo no Sistema de Turismo (SISTUR), elaborado pelo professor Mário Beni.[2]

1. *O turista* é o elemento central do sistema de turismo. Todos os serviços turísticos disponíveis no município são colocados à disposição do turista para serem consumidos somente no momento de sua chegada à região. Não existindo turista, não há razões para desenvolver o turismo. Nesse sentido, na medida em que o município optou pela atividade do turismo como fonte de renda e emprego, há necessidade de desenvolvimento de ações mercadológicas para fazer as pessoas despertarem seu interesse e tomarem a decisão de conhecer as atrações existente numa determinada região. No momento que o indivíduo elege um destino e toma decisão de viajar, não pode ser esqueci-

do que ele necessita de facilidades que tornem possível realizar o seu desejo de conhecer o destino eleito. Tais facilidades dizem respeito aos equipamentos e serviços turísticos como: meio de hospedagem, alimentação, transportes, estado dos atrativos entre outros.

2. *A região geradora ou emissora* é o espaço geográfico de residência do indivíduo disposto a deslocar-se para um determinado núcleo receptor com a finalidade de conhecê-lo e usufruir suas facilidades. Para despertar a vontade de viajar ele necessita ser estimulado.
   Existem diversos fatores de estímulo, que podem ser oferecidos pelas empresas prestadoras de serviços ou produtoras de bens. As instituições, tanto em nível federal quanto estadual e municipal, podem criar facilidades legais e atrativos para estimular o deslocamento do turista para uma determinada região.
3. *Deslocamento de indivíduos no espaço-tempo,* considerado por Silva como a "rota de trânsito", é o espaço físico localizado entre a região emissora e receptora, por onde passam os fluxos turísticos. À medida em que aumentam os fluxos turísticos, esse espaço vai tomando novas características pela necessidade de se criar infra-estrutura e serviços que sejam adequados às necessidades do usuário, como rodovias, aeroportos, portos, postos de gasolina, serviços de auto-estrada, primeiros-socorros, hotéis e outros mais.
4. *Região receptora ou de destino.* Nesse espaço, assim como no núcleo emissor, devem existir as empresas, as instituições, a infra-estrutura e todo ambiente favorável para o recebimento e acolhimento do turista. Há necessidade de uma oferta composta por equipamentos utilizados para o alojamento, alimentação e recreação, deslocamento dos turistas e outros complementares, os quais correspondem à cadeia produtiva do turismo.
5. *A cadeia produtiva do turismo* é composta por empresas que oferecem serviços essenciais diretos ou indiretos, demandados pelos turistas, visando ao atendimento das necessidades de alimentar-se, alojar-se e divertir-se.

Para que se possa entender o que na realidade vem a constituir o produto turístico local, faz-se necessário defini-lo claramente. Entender o que significa turismo, é de suma importância para compreender o significado de "produto turístico".

Muitos conceitos de turismo foram aparecendo com o passar dos tempos, conceitos esses que definiam o momento econômico vivido pela humanidade, e que às vezes, inconseqüentemente, trouxeram impactos negativos sociais, ambientais e econômicos pela falta de uma legislação específica que viesse a orientar o seu aparecimento nos locais alvos da atividade turística.

A EMBRATUR, em 1984, adota a seguinte definição, que continua vigente até os dias atuais: "turismo é um conjunto de relações e fenômenos ligados à permanência de pessoas não residentes em determinadas localidades, sob condições de que estas pessoas não se estabeleçam para exercer atividade lucrativa permanente ou temporária no local visitado".[4]

Entendendo que o turismo significa deslocamento, por motivos diversos, deslocamentos esses que geram relações econômicas, sociais e ambientais bastante complexas e diversificadas, é importante tratar, orientar e planejar bem os seus efeitos.

Para compreender o significado de produto turístico faz-se necessário também definir o que vem a ser planejamento, e quais as etapas a seguir para conseguir concretizá-lo da melhor maneira possível.

Ignarra[7] diz que planejamento significa a busca de respostas para 7 perguntas básicas:

1. O quê? Definir objetivos.
2. Por quê? Definir objetivos, justificar.
3. Quem? Definir os agentes e os destinatários do planejamento.
4. Como? Definir a metodologia de se fazer, os meios para se alcançar os objetivos.
5. Onde? Definir especialmente a localização daquilo que se quer implantar ou transformar.
6. Quando? Estabelecer cronograma das atividades, para atingir objetivos estabelecidos.
7. Quanto? Dimensionar recursos humanos, materiais e financeiros para atingir os objetivos determinados.

As respostas a essas questões compõem o conteúdo de um planejamento.

Na prática, fazendo uma comparação do dia-a-dia das pessoas, pode-se explicar o planejamento da seguinte forma: todas as pessoas planejam o que vão fazer durante o dia, na hora em que acordam. Esse planejar do dia-a-dia explica e esclarece o conceito de planejamento. Quando decidem o que fazer, estão planejando e tentam, durante o decorrer desse dia, obter os resultados que foram traçados ao levantar. Estabelecem tempo para que assim possam alcançar estados futuros através da execução das tarefas idealizadas. Obviamente, necessitam traçar metas para que consigam alcançar os objetivos traçados.

É importante também definir o planejamento estratégico, pois em um processo de planejamento mais amplo esse tipo de planejamento está inserido e na atualidade é bastante usado, pelos resultados apresentados em empresas como forma de administrar com a obtenção de resultados melhores.

Planejamento estratégico pode ser definido, segundo Fischmann,[6] como "uma técnica administrativa que através da análise do ambiente de uma organização cria a consciência das oportunidades e ameaças dos pontos fortes e fracos para o cumprimento de uma missão e, através desta, estabelece o propósito de direção que a organização deverá seguir para aproveitar as oportunidades e evitar os riscos." Leia-se nesse conceito organização como localidade.

O planejamento estratégico no turismo foi adotado a partir do momento em que se constatou que todo sistema pode gerar problemas a partir da forma como afeta a população, os agentes econômicos e sociais, quando se dá o início do seu funcionamento, ocorrendo no momento em que as pessoas passam a buscar um produto turístico. Esse planejamento objetiva a promoção de uma melhoria nas condições de bem-estar dos visitantes, porém cumprindo os princípios do desenvolvimento sustentável, melhorando em primeiro lugar as condições de vida das localidades afetadas.

O modelo de planejamento turístico utilizado no Brasil, segundo Petrocchi,[8] assemelha-se ao modelo utilizado no litoral do Mediterrâneo e caracteriza-se pela integração do turista com a localidade visitada e pelos investimentos regionais que ocorrem nas localidades, direcionados para a população e reinvestidos na própria região. É diferente do modelo utilizado pelos americanos, que em alguns casos isolam os visitantes, fazendo com que esses não tenham contato com a população local.

Porém surge na atualidade um modelo empírico no Brasil, que é o apresentado por Beni[2] e é baseado na teoria dos sistemas. Inclui o levantamento da oferta, o estudo do mercado e da demanda. Estuda ainda as relações ambientais, a organização da estrutura e as ações operacionais, como produção e consumo do produto.

Desta forma, pergunta-se: por que é necessário definir o planejamento e suas etapas de forma clara? É necessário porque a partir dessa compreensão os elementos observados nessa etapa orientarão a elaboração do produto turístico da melhor maneira possível.

Com o intuito de viabilizar um planejamento eficaz, que inclui a preparação do produto turístico, é importante que seja orientado pelas seguintes etapas básicas: o levantamento da informação através da oferta e demanda; a fase do diagnóstico; e as propostas de ações futuras.

Na primeira etapa, que é a do levantamento da informação, é necessário atentar para algumas questões básicas, como quando se vai investigar a oferta turística. A interação da equipe técnica com a comunidade alvo é um processo fundamental para o alcance do sucesso nessa etapa. Entende-se que a comunidade é conhecedora da oferta turística do seu local e trabalhará repassando essas informações para que ocorra o bom uso da oferta, quando da preparação do produto turístico. É importante também o aprendizado da metodologia da pesquisa por parte dos habitantes locais, para que assim eles se envolvam na atualização constante das informações. No Brasil e no Ceará o levantamento da oferta turística é feito utilizando a metodologia elaborada pela EMBRATUR denominada *Metodologia do inventário da oferta turística*, onde inventário turístico significa "levantamento do conjunto de recursos turísticos real e potencial, de uma determinada região, visando à correta ordenação e exploração do território, de forma a otimizar a utilização de seus recursos naturais e culturais e da oferta turística em geral."[4]

O desenvolvimento da primeira etapa consiste em dois passos fundamentais. O primeiro passo a seguir é o da pesquisa de gabinete, que consiste na busca de informação secundária, através de pesquisas bibliográficas documentais (como pesquisas em livros, revistas, jornais e documentos oficiais das secretarias do Estado e município, pesquisa em órgãos culturais, técnicos e científicos, etc.). O segundo passo é o trabalho de campo, feito através de zoneamento do local, complementando com pesquisa direta os dados secundários com os primários. A investigação *in loco* é feita através de formulários, para depois tabular os dados, onde aparecerão os resultados, os quais serão trabalhados posteriormente.

Inclui-se ainda na primeira etapa a investigação da demanda, que se faz necessária para se poder constatar o perfil do usuário que consome o produto turístico local. É feita através de pesquisa, utilizando questionários com perguntas direcionadas a informar dados pessoais, preferências, serviços utilizados, através de uma amostra que representa as características da população a ser atingida da maneira mais fiel possível.

A segunda etapa básica diz respeito ao diagnóstico, que segundo Aurélio Buarque de Holanda,[5] significa conhecer ou determinar algo pelos sintomas apresentados. O diagnóstico turístico do local significa a mesma coisa e nada mais é do que mostrar, conhecer a situação atual em que se encontra a localidade estudada. Esse momento é importante, pois tratará de analisar fatores externos (ameaças e oportunidades) e fatores internos (debilidades e fortalezas), e retratará fidedignamente a situação da localidade. As vantagens e restrições da oferta devem ser enunciadas nessa fase, como no caso das limitações dos atrativos, impossibilidade de ocupação e uso de solos. Essa análise de debilidades, ameaças, fortalezas e oportunidades, denomina-se DAFO.

Entende-se que o estabelecimento de estratégias de desenvolvimento exige o conhecimento dos aspectos favoráveis e desfavoráveis gerados às vezes pela atividade turística, e é importante que essa análise seja feita antes da venda do produto turístico.

Por último, depois do diagnóstico pronto, passa-se à fase da elaboração do plano de desenvolvimento turístico, que conterá os resultados da investigação da oferta e da demanda e do diagnóstico, para que a determinação dos programas e projetos seja fundamentada através das informações obtidas, traçando assim ações futuras conscientes.

Visto o conceito de turismo e compreendidas suas implicações, é possível agora definir o produto turístico. Segundo Souza e Corrêa,[11] "é a amálgama de elementos tangíveis e intangíveis, centralizados numa atividade específica, e em uma determinada direção. Compreende e combina atrativos desta destinação, as facilidades e as formas de acesso dos quais o turista compra a combinação de atividades e arranjos. É um composto de bens e serviços diversificados e essencialmente relacionados entre si, tanto em razão de sua integração com vistas ao atendimento da demanda, quanto pelo fato de unir os setores primário, secundário e terciário de produção". Em outras palavras o produto turístico é composto de:

- *Atrativos turísticos:* entendidos como todos os lugares, objetos ou acontecimentos de interesse turístico que motivam o deslocamento de grupos humanos para conhecê-los. Citam-se como exemplos as praias, florestas, lagoas, igrejas, museus, as praças, a gastronomia, o artesanato, as festas religiosas, as feiras e exposições entre outros;

- *Equipamentos e serviços indispensáveis ao desenvolvimento da atividade turística:* compreendem os meios de hospedagem, serviços de alimentação, de entretenimento, de agenciamento, de informações e outros serviços voltados para o atendimento aos turistas. Como exemplos os hotéis, pensões, pousadas, colônias de férias, acampamentos, restaurantes, as lanchonetes, barracas de praia, pólos de lazer, parques de diversões, estádios esportivos, autódromos, cinemas, danceterias, agências de viagens, centros de informações, centros de compras, dentre outros;

- *Infra-estrutura de apoio turístico:* formada pelo conjunto de obras e instalações de estrutura física de base que cria as condições para o desenvolvimento de núcleos receptores de turismo tais como o sistema de transportes (marítimo, terrestre, aéreo, ferroviário), sistemas de comunicação (telefonia, Internet, fax), sistema de segurança (delegacias de polícia, corpo de bombeiros, salva-vidas) e equipamento médico-hospitalar (hospitais, pronto-socorros, farmácias, maternidades).

Para receber os turistas é necessária infra-estrutura de acesso e urbana: facilidades para o deslocamento dos visitantes, fornecimento de serviços indispensáveis como água, luz, esgoto, saneamento básico, segurança. É com a existência desses itens e com a presença dos consumidores que se forma um mercado turístico.

Cada organização turística tem um papel bem definido dentro do sistema de turismo. O turismo em uma região só pode se desenvolver se houver uma forte inter-relação e interconexão entre elas. Cada entidade tem um papel bem definido dentro do sistema de turismo e a relação entre elas é de extrema importância.

Assim como não haveria turismo sem turista, sem esse complexo de organizações, interdependências e interações, o turismo seria igualmente inexistente. Em tal caso, a atividade do turismo seria inviável e a prática do turismo, bem como a sua continuidade, seria também uma ficção.

É necessário explicar que os atrativos, que são um dos elementos que compõem o produto turístico, dos tipos naturais e culturais, não podem vender-se sozinhos. Eles precisam ser complementados pelos equipamentos e serviços e pela infra-estrutura de apoio. Existem inúmeras localidades que são detentoras de atrativos turísticos, porém não conseguem colocá-los no mercado como produto consumível, pois lhes falta essa complementação. Em outras palavras, é dizer que localidades que possuem lindas praias, cachoeiras maravilhosas e outros recursos naturais e culturais, se não sabem valorizá-los e prepará-los como produto turístico, não terão sucesso no momento da venda.

É importante observar que o produto turístico diferencia-se do produto produzido pela indústria. O produto industrial você compra e leva para casa, passando a ser o seu dono, pois você pagou por um bem tangível. Já o produto turístico é muitas vezes intangível, por isso quando o turista compra uma viagem de turismo, ele tem que consumir tal produto no local visitado e que o produziu, aparecendo aqui a característica da imobilidade do produto, isto é, o consumidor paga pelo produto, porém, não é o seu dono. O produto na realidade é imóvel, ou seja, não sai do lugar, obrigando o consumidor a praticar a atividade de deslocamento.

Uma característica que é comum aos dois produtos é a perecibilidade. Produto perecível, segundo Aurélio Buarque,[5] é o que pode vir a perecer ou é sujeito a extinguir-se. Para o produto turístico, se esses não forem vendidos, não podem ser estocados, acumulados, pois a cada dia, a cada espetáculo ou a cada viagem não consumada, representam prejuízo e extinção desse produto, dia a dia.

O produto turístico tem ainda uma outra característica essencial, que leva o consumidor (turista) a continuar a interessar-se por ele, é a dinâmica que ele necessita ter, de renovar-se constantemente de acordo com a procura. Por exemplo, locais que não se renovam e não reciclam os serviços que oferecem tendem a não ser mais procurado pelos consumidores, pois no momento que estes encontram um destino com melhores serviços tendem a direcionar-se ao que os está tratando melhor e oferecendo-lhes serviços com melhor qualidade. Daí a importância do monitoramento constante das condições dos equipamentos e serviços, da infra-estrutura que é colocada à disposição dos turistas, e das condições em que se encontram os atrativos.

A dinâmica de renovação do produto é uma característica importantíssima. Para se manter a qualidade desse produto, os bens ofertados têm que estar de acordo com as possibilidades da localidade em ofertá-los, para que assim eles não percam suas características culturais, ambientais, econômicas, sociais, que muitas vezes funcionam como a principal motivação do consumidor por querer consumir esse produto.

Fazem-se importantes também, no momento do preparo do produto turístico, estudos aprofundados sobre as limitações e impossibilidades de comercializar tais produtos, pela fragilidade muitas vezes constatada e não respeitada por parte de quem prepara o produto.

Para se preparar um produto turístico, necessita-se de informações aprofundadas sobre a oferta e a demanda do local. Não se pode falar em oferta ou produto sem se falar em demanda, que é a quantidade de bens e serviços turísticos que os indivíduos desejam e são capazes de consumir a um dado preço, em um determinado período de tempo, ou seja, é a procura real ou potencial pelos produtos turísticos.

A demanda, como a oferta, tem suas características, que conseqüentemente, influenciam no preparo do produto. A mobilidade do consumidor é uma delas, que obriga o turista a deslocar-se para usufruir a oferta, necessitando assim que esta esteja preparada para recebê-los.

Outra característica da demanda que podemos considerar importante é a influência que ela sofre por motivos os mais variados possíveis. As pessoas direcionam-se em busca de outros produtos a partir do momento em que o produto procurado deixa de satisfazer a vontade dos turistas, como por exemplo: problemas sociais, econômicos, políticos, problemas de falta de segurança, mudança de clima, etc. Se um produto turístico é vendido e ele não corresponde à expectativa do turista, este se direciona para outros locais que ofereçam melhores condições. Por esse motivo, os produtos não devem ser preparados dependendo de um só atrativo, como por exemplo, sol e mar. Precisa-se diversificá-los para que não ocorra dependência.

Na Europa, por exemplo, o tipo de planejamento que é habitual é viabilizado através da junção de várias localidades que possuem uma diversidade de atrativos. Trabalham-se roteiros turísticos de forma integrada, nos quais o produto turístico é vendido para os mais diversos segmentos.

Muitos locais passaram por diversos problemas, a partir do descobrimento de suas potencialidades, pois não souberam aproveitar o melhor momento para comercializá-las. A ansiedade por obtenção de lucros gerou expectativas de mudanças, uma vez que o destino não trabalhou adequadamente com o que antes era a principal motivação da visitação por parte dos turistas, como é o caso da Ilha de Bali, Indonésia, que ficou conhecida mundialmente pela comercialização de um produto industrial (canga – roupa de saída de banho). Porém, com o crescimento econômico e a divulgação da ilha, o fluxo turístico começou a crescer aceleradamente. Iniciou-se um processo de deteriorização econômica, social e cultural, levando o local a uma mudança radical em menos de 40 anos, gerando insatisfação por parte dos moradores quanto ao ambiente. A cultura local foi descaracterizada e a economia já não gerava os lucros que foram almejados. Este local hoje tenta colocar em prática um planejamento que, na sua criação, visou em primeiro lugar combater todos os malefícios gerados pelo turismo espontâneo e sem planejamento. Não depender de um só processo produtivo, tentar resgatar a cultura hinduísta, que era considerada um de seus maiores atrativos, lidar com o turismo e não contra ele, foram alguns dos objetivos desse planejamento, buscando na realidade resgatar o que perderam, porque não souberam aproveitar.

É necessário entender que a descoberta de potencialidades gerará certamente o preparo do produto turístico. Entender o papel de cada um (governo, iniciativa privada, moradores locais, etc.) é fundamental para o sucesso do setor turístico. Um bom exemplo ocorre neste momento em um local da Espanha chamado Calviá, localizado nas Ilhas Baleares. Essa localidade, também como Bali, sofre as conseqüências do fluxo turístico desenfreado.

Nos anos 60, a Europa descobre o turismo de sol e praia e inicia o processo da busca pelo produto. Com o aumento do fluxo começam a surgir os mais variados problemas, como falta de água, lixo acumulado, desorganização na estrutura da cidade, construções irregulares. A partir do momento que os moradores começam a sentir as conseqüências maléficas geradas por esse tipo de turismo, inicia-se o processo de reação. O plano traçado objetivava a participação da sociedade irrestritamente, pois todos os moradores tiveram a oportunidade de opinar, de participar de treinamento de reciclagem de lixo, cuidado com a utilização da água, entre outros. A gestão participativa começa a funcionar, pois durante dez anos houve a inclusão de todos os agentes nesse processo. O programa chama-se: "Está em suas mãos" e vem obtendo um grande sucesso, dando exemplo para o mundo de que tudo é possível se existe a participação de todos. Certamente o produto turístico "repreparado" trará resultados que beneficiarão a todos indistintamente.

Elaboração, Promoção e Comercialização do Produto

O planejamento turístico de uma cidade deve basear-se em uma política estratégica em que a comunidade local, juntamente com os órgãos públicos competentes e o *trade* turístico, que por sua vez são os prestadores de serviços voltados ao turismo, esteja empenhada no desenvolvimento turístico do local, pois dessa forma harmoniosa os objetivos traçados são mais facilmente alcançados.

A participação da comunidade local pode ser viabilizada a partir de trabalhos de conscientização turística, em que o sentimento de responsabilidade social possa ser desenvolvido entre a população de maneira que a mesma possa receber bem o turista e prestar serviços, direta ou indiretamente, primando sempre pela qualidade.

O turismo é uma atividade que possui o poder de envolver todos os setores da economia, desde órgãos públicos, privados à comunidade local, proporcionando a distribuição de renda e a geração de empregos.

Segundo Trigueiro,[12] "planejar e administrar o turismo de uma região é, basicamente, planejar e administrar uma organização que visa ou não ao lucro. As estratégias, as táticas e as ações, a operacionalização, o controle e a avaliação são as mesmas para as duas situações".

Para definir o posicionamento do produto turístico perante o mercado consumidor é necessário passar antes pela fase do diagnóstico, analisando a situação do município turístico, sua oferta e seu ambiente, a fim de encontrar diferenciais em relação às localidades concorrentes.

Vale ressaltar que trabalhar com uma oferta em que o consumidor tem que se deslocar para usufruir os seus benefícios é uma tarefa árdua. Outro fator importante a ser considerado é que a concorrência nessa atividade envolve núcleos receptores, ou seja, cidades inteiras, com seus produtores turísticos, na disputa por ser o próximo destino escolhido pelo turista.

Nesse momento, essas localidades, através de seus organismos oficiais, em parceria com o *trade* turístico e a participação da comunidade local, mobilizam-se no intuito de vender a melhor imagem e saírem vitoriosas na conquista do consumidor turístico.

Essa análise sobre o posicionamento do produto turístico local não deve ser estática, visto que o mercado não é automático e está em constante mutação. Como o próprio nome sugere, é uma análise da situação, em que é "fotografado" um determinado momento, com características singulares e próprias, mas que deverá sofrer mudanças com o passar do tempo. São as tendências que o mercado naturalmente apresenta, visto que o homem compõe a estrutura do turismo, sendo o sujeito da ação de viajar e, como tal, é caracterizado pela instabilidade emocional.

É por esse motivo que o Ceará, enquanto destino turístico, não pode insistir em um só atrativo, podendo desgastar sua imagem, não gerando motivações para a demanda efetiva e o potencial, levando assim ao seu declínio enquanto produto turístico.

Descobrir a cada momento novas oportunidades de atrair o turista é obrigação de todas as localidades que querem ser referência no mercado turístico, sem, no entanto, esquecer de planejar baseando-se na sustentabilidade, na qual a preocupação com a preservação ambiental, natural e artificial é fundamental para o usufruto de gerações futuras.

O planejador turístico deve fazer um trabalho capaz de dosar a quantidade de turistas que pode estar em um lugar sem saturá-lo e sem que a população sinta-se invadida. Segundo Souza e Corrêa,[11] a capacidade de carga trata-se da condição que um determinado espaço tem de suportar determinada intensidade de uso.

Cada localidade é totalmente diferente em termos de geografia, ecossistemas e estrutura social e econômica, e é bem improvável que a capacidade de carga seja a mesma em duas localidades, de forma que sua aplicação, onde quer que seja, é muito difícil de se prever. Embora a capacidade de carga seja um conceito útil, ainda é muito problemático usá-la para ajudar a desenvolver o turismo sustentável. Segundo Swarbrooke,[13] há vários tipos de capacidade de carga, que podem ampliar a visão de sustentabilidade, sabendo-se de antemão da dificuldade de sua aplicação:

- *Física:* o número de turistas que um lugar pode acomodar fisicamente;
- *Ambiental ou ecológica:* número de turistas que pode ser acomodado antes que se iniciem os danos ao ambiente;
- *Econômica:* número de turistas que pode ser recebido antes que a comunidade local comece a sofrer problemas econômicos;
- *Social:* número de pessoas acima das quais ocorrerá perturbação social ou prejuízo cultural irreversível;
- *Perceptiva:* número de pessoas que um lugar pode receber antes que a qualidade da experiência do turista comece a ser afetada negativamente;
- *Infra-estrutural:* número de turistas que pode ser acomodado pela infra-estrutura do local.

A necessidade de diversificar a oferta turística intensifica-se no momento de atrair novos consumidores, ou de trazer de volta os que já visitaram o Estado, pois segundo Butler, *apud* Ruschmann,[9] "uma destinação turística, assim como um produto tangível, possui um ciclo de vida que compreende as fases de investimento, exploração, desenvolvimento, consolidação, estagnação e declínio ou rejuvenescimento", representadas pela Figura 11.1.

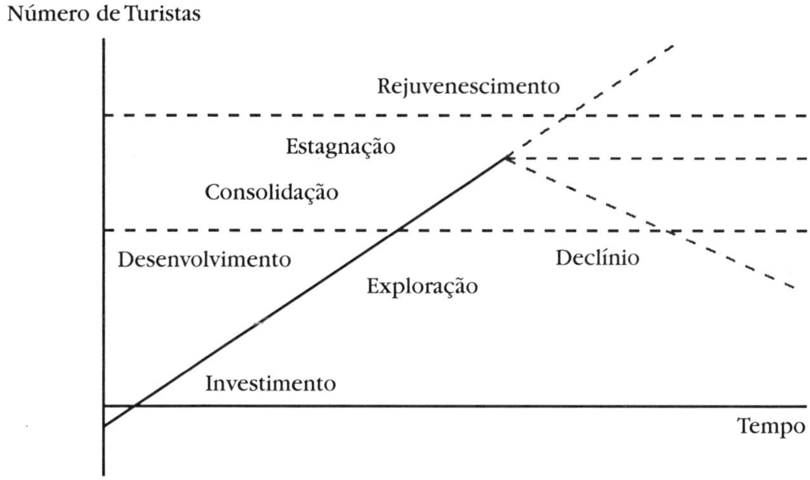

Figura 11.1 – Ciclo de vida das destinações turísticas (Fonte: Butler *apud* Ruschmann[9]).

- *Fase da exploração*: a localidade apresenta algumas facilidades, que foram implantadas na fase do investimento para os primeiros visitantes, e que são ampliadas rapidamente pela população local na fase do desenvolvimento, com o objetivo de auferir lucros na criação de um mercado forte e fiel;
- *Fase do desenvolvimento:* a participação e o controle dos equipamentos pela população local caem rapidamente e dão lugar às facilidades criadas por organizações externas, que estimulam o crescimento do número de visitantes;
- *Fase da consolidação:* caracteriza-se pelo domínio de empresas e serviços multinacionais, cuja participação ajuda a controlar os custos e a manter a competitividade do local diante de outras destinações;
- *Fase da estagnação:* há uma certa acomodação com a situação, que parece tranqüila e confortável;
- *Fase da saturação:* nesse momento o apogeu quantitativo da demanda é alcançado e, a partir daí, a destinação começa a decair na preferência dos turistas. A localidade passa por um desgaste econômico, social e ambiental, porém a fase do declínio pode ser evitada, uma vez que essa localidade pode ser, através de um reposicionamento estratégico, revitalizada ou rejuvenescida.

Assim, o acompanhamento do planejamento estratégico de uma localidade, bem como de seu plano de marketing, é fundamental para perceber o momento de inovar, agregando novos valores e incrementando sua oferta turística, sem em momento algum esquecer da participação da comunidade local com sua importante contribuição para o turismo.

É válido comentar a importância que o povo cearense tem no desenvolvimento turístico do Estado, e o trabalho que o governo faz junto à comunidade receptora ainda é um pouco tímido, apesar de ser referenciado no modelo de gestão que é apresentado na política estratégica para o desenvolvimento do Ceará.[3] Porém, esse envolvimento é fundamental para ter a cumplicidade, o comprometimento e a aceitação dos moradores locais no momento de recepcionar os turistas que aqui chegam, e conseguir, assim, atender às expectativas geradas nos turistas.

O modelo de gestão apresentado na Figura 11.2 representa a articulação entre os agentes públicos e privados e as comunidades, fundamentando a política do turismo desenvolvida no Estado do Ceará, dando assim suporte à ação única do governo a partir dessas parcerias.

Yázigi[14] afirma que cidades inteiras se transformam com o objetivo de atrair turistas e esse processo provoca, de um lado, o sentimento de "estranhamento" para os autóctones, ao mesmo tempo em que transforma tudo em "espetáculo" para o turista, que assume o papel de espectador passivo.

Analisar os elementos que compõem o sistema turístico, representado pela Figura 11.3, bem como considerar as relações existentes entre esses elementos, principalmente entre a demanda e a comunidade receptora, é fundamental para o desenvolvimento salutar do turismo, o atendimento das expectativas do turista e a compreensão da população local.

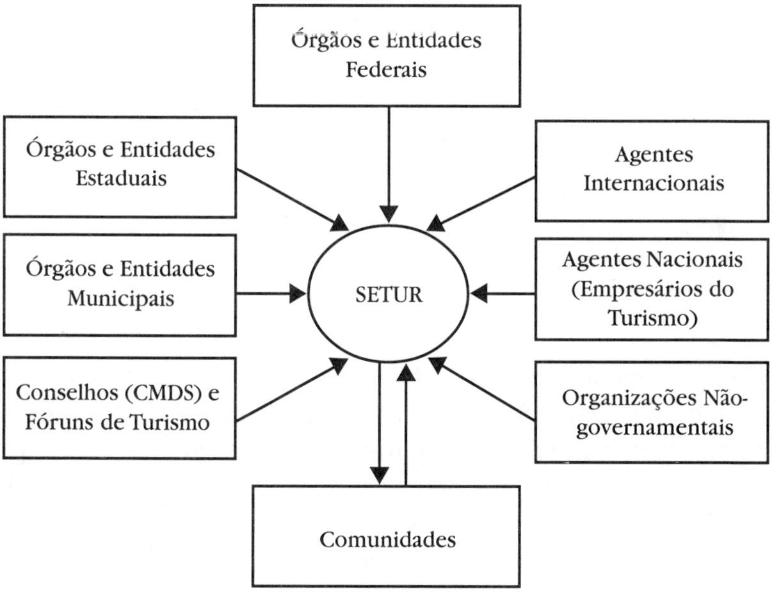

Figura 11.2 – Modelo de gestão (Fonte: Ceará. Secretaria do Turismo[3]).

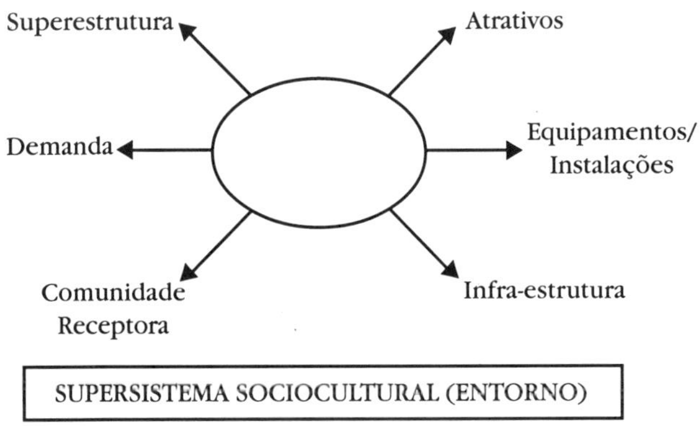

Figura 11.3 – Sistema turístico (Fonte: Molina, *apud* Barretto[1]).

A sustentabilidade, não só do meio ambiente, enquanto espaço físico, mas também da relação de aceitação e participação da população nativa com a atividade do turismo, é fundamental para o progresso contínuo dessa atividade em determinado núcleo receptor.

Segundo Ruschmann,[9] um aspecto que ainda não foi pesquisado com o rigor necessário e que seria interessante estudar, pois influencia diretamente o desenvolvimento do turismo em determinada localidade, refere-se ao interesse real dos turistas na integração sociocultural com os moradores dos locais visitados, bem como o interesse por uma aproximação, ou não, por parte dos nativos. A experiência tem mostrado que a relação existente é superficial, "periférica", e que se caracteriza como uma relação meramente comercial.

Analisando os aspectos tanto dos turistas, bem como dos nativos, essa relação superficial gera uma frustração de expectativas em ambos. Do ponto de vista do nativo, há um sentimento de invasão e completa dependência de seu "hábitat natural", da cidade em que mora e de si próprio, como meio de sobrevivência, com a atividade do turismo. Do ponto de vista do turista, essa relação superficial pode resultar em um sentimento de hostilidade em relação à sua presença no núcleo receptor, podendo inclusive influenciar na sua impressão em relação ao local visitado.

Essa é uma preocupação que as cidades turísticas devem ter, ou seja, não se descaracterizar na intenção de atrair turistas; devem, sim, planejar-se para poder atender à demanda, preservando suas características físicas originais, que são fatores de atração turística, bem como envolvendo, emocionalmente, através da conscientização turística, a comunidade receptora no desenvolvimento da atividade do turismo, mantendo, assim, o turista sempre motivado ao deslocamento e o nativo à recepção ao mesmo.

É comum ouvir, informalmente, os planejadores turísticos comentarem que "a cidade só será boa para o turista se for boa para a população local". Essa afirmação prova que a comunidade receptora de uma zona turística tem que estar permanentemente envolvida com a atividade e esse processo pode ser iniciado com a conscientização da importância do turismo para a localidade, pois só assim poderá vê-los se desenvolvendo, a cidade e o turismo.

Produto Turístico Local: Serra, Sertão, Litoral

Segundo a *Política estratégica para o desenvolvimento sustentável do Ceará*,[3] documento elaborado pelo governo do Estado, através da Secretaria do Turismo, as macrorregiões turísticas constituem a fase física de interação e o espaço para aglutinar ações, promover regiões, pólos, centros e corredores turísticos, interligando e complementando, por contrastes, o litoral, as serras e o sertão. Estrategicamente, estas regiões apresentam-se interligadas e integradas no planejamento territorial, apresentando, dentro da própria região, contrastes do litoral com a serra, serra com sertão e outros.

Tal espacialização apresenta uma configuração físico-territorial peculiar definida por três grandes unidades geoambientais básicas:

- *Litoral:* definido por uma extensão de 573km de costa atlântica, pelas planícies fluviomarinhas, dunas, lagoas, barras de rios, tabuleiros litorâneos e por uma vegetação peculiar de mangues e coqueirais, destacando-se o clima e a temperatura de águas tépidas;
- *Serra:* representada por dois tipos de formações serranas, os planaltos sedimentares que cercam o Estado como uma ferradura (Serra da Ibiapaba, Serra do Araripe, Serra do Apodi) e os maciços cristalinos que afloram em diversos pontos do território (Serra de Baturité, da Meruoca, de Uruburetama) e que, com sua vegetação de mata tropical,

clima, cachoeiras, fauna e flora, constituem em um diferencial das demais unidades;

- *Sertão:* caracterizado pela grande planície sertaneja, entremeada de rios intermitentes que cortam o Estado de norte a sul, com vegetação de caatinga, aspecto de semi-árido e paisagem própria.

Estas três unidades representam a base física de interação e espaço para aglutinar ações com vistas a assegurar a implantação e/ou consolidação de centros, núcleos, pólos, roteiros e corredores turísticos.

Cumpre evidenciar ainda as seis macrorregiões turísticas, conforme a Figura 11.4, pelas potencialidades que apresentam, retratando vocações turísticas específicas que têm sido consideradas de grande relevância como âncora turística regional. Pelas características próprias das bases onde se localizam as âncoras, apresentam aspectos de natureza ecológica, cultural, científica, esportiva, rural, de lazer, de saúde, de eventos, de negócios, de sol e praia.

Este cenário possibilitou a criação dos roteiros turísticos temáticos do ecoturismo, da fé, dos negócios, da cultura, de aspecto rural, dos esportes, do lazer, entre outros, delineando no Estado do Ceará um caráter diferencial em seu destino, ao mesmo tempo favorecendo a atração de novos nichos de mercados.

Vale ressaltar que os ciclos econômicos e as distintas fases do processo histórico de apropriação do território, pelos quais o Ceará passou, deixaram na paisagem aspectos marcantes, constituindo um diversificado patrimônio histórico-cultural no espaço rural. Tais ciclos são assim denominados e caracterizados:

- *Ciclo da cana-de-açúcar (serras e litoral, século XVI):* teve como cenário a zona da mata, sendo responsável por um suntuoso patrimônio arquitetural e outros legados, tais como: arquitetura das casas dos sítios, dos engenhos de produção de rapadura e de alambiques na produção de cachaça; culinária dos doces (rapadura e produção da cachaça e do açúcar mascavo); artesanato em traçado de palha e cipó; e manifestação folclórica do reisado, do coco, da caninha verde;

- *Ciclo do gado (sertão, século XVIII):* inegavelmente, foi através dele que o território brasileiro assumiu suas fronteiras, de nordes-

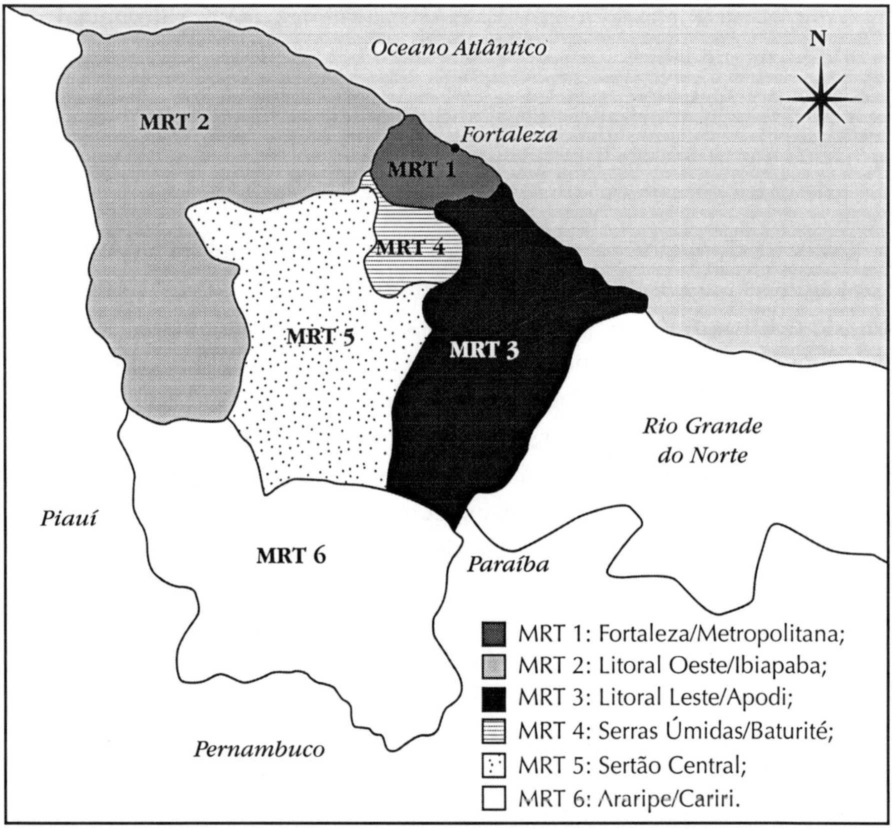

Figura 11.4 – Mapa das macrorregiões do Ceará.

te a sul, particularmente no que diz respeito às grandes rotas, muitas delas hoje resgatadas e valorizadas pela utilização de roteiros turísticos integrados. Deixou ainda sua marca em aspectos como: arquitetura singela nas casas, sedes de fazendas e capelas; construções de igrejas e surgimento dos pequenos núcleos urbanos e comerciais, com sobrados e casarões de influência portuguesa; culinária (carne-de-sol, carne seca, buchada, paçoca, doces, queijos de coalho); casas de farinha; artesanato proveniente do couro (utilitários, mobiliários, apetrechos de montaria e vestuário dos vaqueiros); festas religiosas e um rico e variado folclore (bumba-meu-boi, reisados e vaquejadas);

- *Ciclo do café (serras, séculos XVIII e XIX):* desenvolvido basicamente na região sudeste, deixou como herança propriedades senhoriais de significativo valor arquitetônico, muitas sedes de fazendas de autêntico estilo colonial, além de uma peculiar arquitetura (casarões e sobrados com influência daqueles das regiões cafeeiras de São Paulo) e a iniciativa de preservação da mata para sombreamento do café;

- *Ciclo do algodão (sertão, século XIX):* deixou como legado dois aspectos básicos: o artesanato (tecelagem das redes, tapetes, equipamento do tear, vestuário, redes, rendas, labirinto) e a arquitetura, esta última expressa nas instalações comerciais, industriais e as estações ferroviárias;
- *Ciclo do caju (zona litorânea e costeira, século XX):* destaca-se pela preservação das características ambientais da região litorânea (sítios centenários, arquitetura singela, mata de cajus, avifauna), bem como pela culinária (doces, bebidas, salgados utilizando a popa e a castanha de caju), o artesanato (cestarias, palha de cipó) e o folclore, no qual se revela a magia de uma dança indígena conhecida como torém.

Assim, trabalhar novas ofertas turísticas no Ceará é um desafio, no sentido de que isso representa uma mudança na cultura das pessoas que sempre viram o Nordeste do Brasil como sinônimo de praias bonitas, sol brilhando o ano inteiro, povo alegre e descontraído.

É necessário que os planejadores turísticos rompam com antigos conceitos na busca de novas alternativas para o turismo cearense, passando a valorizar outras potencialidades não menos atraentes do que "sol e praia".

No planejamento estratégico elaborado pelo governo do Estado, já é contemplada a idéia de diversificar os atrativos turísticos do Ceará, descentralizando o fluxo de turistas para regiões do Estado onde os recursos naturais são a serra e o sertão, além de outros recursos representados pela cultura local. Nesse documento são apresentadas algumas ações para o turismo nas quais são priorizadas as contribuições nos aspectos socioeconômicos e seus impactos sobre o meio ambiente, tendo como princípios básicos a sustentabilidade, a descentralização, o reordenamento do espaço, o desenvolvimento social e a visão de longo prazo, que podem ser visualizados através da Figura 11.5.

Produto Turístico Local

As linhas de ações e estratégias que já estão sendo desenvolvidas em cada macrorregião e aquelas previstas na política estratégica do governo do Estado são a seguir apresentadas.

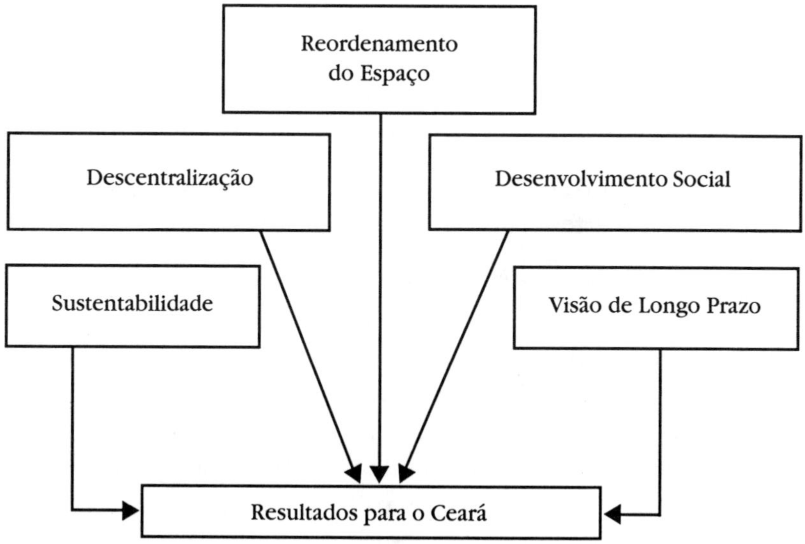

Figura 11.5 – Princípios básicos (Fonte: Ceará. Secretaria de Turismo[3]).

- *Sustentabilidade:* o turismo é a indústria que mais cresce no mundo, constituindo-se a base tanto para o desenvolvimento de potencialidades sociais, econômicas, ambientais e culturais, quanto uma opção para manutenção desse patrimônio;
- *Descentralização:* a vocação turística é uma potencialidade presente no Estado. É uma riqueza que não está concentrada em um único ponto e que não permite a decisão humana fazê-la de forma concentrada. Fundamentadas neste princípio, desenvolvem-se as vertentes do litoral, serras e sertões, com as macrorregiões, os corredores turísticos, pólos regionais, as bases turísticas e os centros turísticos municipais;
- *Reordenamento do espaço:* a especificidade do Ceará, segundo a sua geografia e sistemas geoambientais, permitiu o planejamento estratégico da base territorial segundo um vetor de suporte econômico, o turismo, que propõe e direciona o reordenamento espacial do Estado para diferentes regiões no litoral e no interior, a partir de meia centena de municípios turísticos que formam as regiões turísticas;
- *Desenvolvimento social:* o turismo, como a mais democrática indústria que é, contribui, na ampliação da base econômica do Estado, como pré-condição para a geração de empregos e distribuição de renda, resultando em desenvolvimento social;
- *Visão de longo prazo:* o desenvolvimento do turismo deve ser considerado em um horizonte de longo prazo;
- *O "fazer" do turismo* é uma visão antecipada do hoje estrategicamente planejado e implementado.

Produtos comercializados, programas e roteiros:

MRT 1 - Fortaleza Metropolitana

- Turismo de eventos e negócios: Ceará, Terra de Eventos e Negócios;

- Turismo de lazer: Consolidação do Corredor Turístico, Infra-estrutura para Fruição do Lazer e Centro Turístico do Mucuripe;
- Turismo de cruzeiros: Ceará Destino Náutico;
- Turismo cultural: Revisando Fortaleza e seus Entornos;
- Turismo ecológico: Ceará - Destino Esportivo;
- Turismo rural: Roteiro de Sítios e Fazendas.

MRT 2 - Litoral Oeste/Ibiapaba

- Turismo de lazer: Estruturação e Implementação do Corredor Turístico do Litoral Oeste;
- Turismo ecológico: Pólo de Ecoturismo de Ibiapaba, Implantação de Unidade de Conservação da MRT, Reserva Extrativista da Carnaúba;
- Turismo rural: Desenvolvimento do Turismo Rural;
- Turismo cultural: Roteiro Cultural do Vale do Coreaú;
- Turismo esportivo: Ceará - Destino Esportivo;
- Turismo de eventos: Ceará - Terra de Eventos;
- Turismo de negócios: Ceará - Terra de Negócios.

MRT 3 - Litoral Leste/Apodi

- Turismo de lazer: Consolidação e Implementação do Corredor Turístico do Litoral Leste;
- Turismo cultural: nas ambiências histórico-culturais preservadas;
- Turismo ecológico: Unidade de Paisagem da MRT;
- Turismo rural: Desenvolvimento do Turismo Rural, Pólo de Ecoturismo do Litoral Leste;
- Turismo rural e tecnológico: Roteiro das Águas do Jaguaribe (Castanhão, Banabuiú, Jaguaribe, Orós);
- Turismo esportivo: Ceará - Destino Esportivo.

MRT 4 - Serras Úmidas/Baturité

- Turismo ecológico: Pólo de Ecoturismo da Serra de Baturité

- Turismo de convenções: Experiência a 22ºC, Programa de Formação/ Hotel Escola;
- Turismo de recomposição: De Corpo e Alma I;
- Turismo cultural: Arte e Cultura na Serra, nas ambiências histórico-culturais preservadas;
- Turismo de habitação: Desenvolvimento do Turismo de Habitação.

MRT 5 - Sertão Central

- Turismo ecológico: Pólo de Ecoturismo - Vale Monumental do Ceará;
- Turismo científico: Pólo de Ecoturismo - Vale Monumental do Ceará;
- Turismo rural: Pólo de Ecoturismo - Vale Monumental do Ceará;
- Turismo esportivo: Pólo de Ecoturismo - Vale Monumental do Ceará;
- Turismo cultural: Revivendo o Patrimônio Cultural;
- Turismo de lazer: Caminhos das Águas (Quixeramobim, Banabuiú, Choro Limão, Pedra Branca e Cedro);
- Turismo religioso: Caminhos da Fé (Canindé, Quixadá e Chorozinho);
- Turismo de negócios: Ceará - Terra de Negócios;
- Programa de Formação/Hotel-Escola.

MRT 6 - Araripe/Cariri

- Turismo de lazer: Estruturação do Corredor Turístico do Cariri, Programa de Formação/Hotel-Escola;
- Turismo ecológico: Roteiro das Águas/Pólos Turísticos do Cariri;
- Turismo religioso: Roteiros da Fé;
- Turismo cultural: Patrimônio Cultural - Usar para Preservar;
- Turismo científico: Roteiros Paleontológicos;
- Turismo de negócios: Ceará - Terra de Negócios;
- Turismo rural: Desenvolvimento do Turismo Rural.

Referências Bibliográficas

1. BARRETO, M. *Manual de iniciação ao estudo do turismo*. 7ª ed. Campinas: Papirus, 1995. (Coleção Turismo).
2. BENI, M. C. *Análise estrutural do turismo.* São Paulo: SENAC, 1998.
3. CEARÁ. SECRETARIA DO TURISMO. *O turismo*: uma política estratégica para o desenvolvimento sustentável do Ceará - 1995/2020. Setembro/1998.
4. EMBRATUR. *Metodologia do inventário da oferta turística.* Brasília: EMBRATUR, 1984.
5. HOLANDA, Aurélio Buarque. *Pequeno dicionário brasileiro da língua portuguesa*. Rio de Janeiro: Civilização Brasileira, 1971.
6. FISCHMANN, A. A.; ALMEIDA, M. I. R. *Planejamento estratégico na prática.* São Paulo: Atlas, 1991.
7. IGNARRA, L. R. *Fundamentos do turismo*. São Paulo: Pioneira, 1999.
8. PETROCCHI, M. *Turismo: planejamento e gestão*. São Paulo: Futura, 2001.
9. RUSCHMANN, D. Van de M. *Turismo e planejamento sustentável*: a proteção do meio ambiente. 3ª ed. Campinas: Papirus, 1997. (Coleção Turismo)
10. SILVA, João Albino Matos. *Avaliação do impacto econômico do turismo.* CIDEC-ISCTE, 1989.
11. SOUZA, A.; CORRÊA, M. *Turismo - conceitos, definições e siglas*. Manaus: Editora Valer, 1998.
12. TRIGUEIRO, C. M. *Marketing & turismo*: como planejar e administrar o marketing turístico para uma localidade. Rio de Janeiro: Qualitymark, 1999.
13. YÁZIGI, E. O Turismo e a produção do não-lugar. In: YÁZIGI, E.; CARLOS, A.; CRUZ, R. de C. *Turismo: espaço, paisagem e cultura*. 2ª ed. São Paulo: Hucitec, 1999. p. 25-37.

Capítulo **12**

TURISMO, CULTURA E IDENTIDADE: O CASO DE GUASSUSSÊ

Erotilde Honório
Manuela Barros

A primeira preocupação que desafia os profissionais de turismo é como pensar a relação turismo e identidade local dentro de uma perspectiva de desenvolvimento equilibrado. Para isso, é preciso compreender a interação da cultura com o processo de desenvolvimento econômico. O cruzamento entre a lógica que rege a cultura - preocupada com a caminhada humana na construção de um mundo mais justo - e a lógica dos meios de produção inerente ao mundo dos negócios - insensível às necessidades coletivas - é uma questão complexa. É angustiante pensar na questão primária: como preservar o caráter e a originalidade da cultura da região em face da necessidade de assimilar técnicas que, se aumentam a capacidade de ação, a eficácia, também funcionam como elementos que, com freqüência, mutilam a identidade cultural? Ou seja, como desenvolver um projeto de turismo auto-sustentável se, para isso, inevitavelmente, tem-se que colocar face a face uma cultura letrada com uma cultura tradicional e ainda nesse embate preservar a identidade cultural? (Entenda-se aqui preservação não como estagnação, mas como reatualização eficaz e necessária de um passado com as exigências de um presente que necessita da troca de experiências e saberes entre sujeitos distintos.) Na medida em que a produção de bens culturais transforma-se em mercadoria - alicerce do turismo tradicional - e uma das leis que regem o comércio é a uniformização dos padrões de comportamento, base da criação de grandes mercados, como não se deixar intoxicar com os símbolos importados, com os modismos, evitando o ressecamento de nossas raízes culturais?

Na origem da identidade brasileira encontra-se uma série de conjunções raciais, de interesses econômicos, ideológicos e colonialistas que deram como resultado uma nova cultura, distinta da do colonizador. Há um consenso de que o Brasil é constituído por um povo novo culturalmente. Este é resultado do processo autoritário de massacre das matrizes negras e índias que aqui se encontraram com o europeu e que apesar dos processos de marginalização, da violência permanente, da exploração e da ideologização, contribuem fortemente para a construção da cultura brasileira. Embora os meios de comunicação de massa reafirmem a existência de uma cultura homogênea, predominantemente branca, capitalista e cristã, permanecem vivas as diferenças culturais. Tem-se no Brasil microculturas singulares que existem ainda em virtude da resistência de grupos populares que as reproduzem, de acordo com suas condições de vida e de trabalho.

O processo cultural brasileiro é o resultado de múltiplas influências externas desde o período de sua formação e de uma gama de pluralidades internas. A influência das elites na sua origem é o traço mais saliente. Mas, com a urbanização, a presença da criatividade cultural do povo faz-se mais visível e mais difícil de ser escondida. O aparecimento da classe média junto com o quadro de modernização dependente introduz novos elementos nesse processo cultural. O consumismo irresponsável que se torna mais poderoso com a globalização varre o planeta de ponta a ponta de maneira avassaladora, destruindo as riquezas naturais, tornando as expressões culturais produtos descartáveis, solapando estilos de vida distintos numa tentativa de homogeneização e de construção de uma única lógica para pensar e agir no mundo. O passado é descaracterizado e o presente é composto de fragmentos que não fazem sentido na construção do futuro para as novas gerações. O turismo tradicional segue esses parâmetros de consumo e de destruição. Ele se torna mais um elemento de interferência desequilibradora nesse quadro tão delicado. A idéia que se contrapõe dentro dessa visão que se quer contrária à lógica do produto descartável é a do turismo auto-sustentável que respeita e preserva a natureza, o patrimônio histórico local e as manifestações culturais, expressões de vida de um povo.

A idéia de progresso trazida para as culturas dependentes da América Latina não respeita as peculiaridades regionais, nem têm o homem como centro de suas preocupações. No entanto, experiências locais têm comprovado a capacidade criadora do povo frente a condições adversas. Em tempos de crise, o resgate da identidade não é uma circunstância aleatória, mas uma saída para a sobrevivência.A história de Guassussê (localizada a 420km de Fortaleza) é um bom exemplo de como uma comunidade rural, ao ser colocada numa situação de confronto grave, encontrou nas suas experiências culturais suporte para construir uma nova vida. O povo de Guassussê, expulso pelas águas do rio Jaguaribe, represadas pela construção da barragem do açude de Orós, em 1958, é obrigado a se transferir para outra localidade. O risco da perda da identidade era grande. A entrada de estranhos no povoado, responsáveis pela construção do açude iniciara o conflito. Era gente da cidade, com estilos de vida distintos, maneiras de fazer, de pensar e de agir que não levavam em conta a temporalidade local, desrespeitando suas tradições, seu espaço de sociabilidade e seus ritos sagrados. A desestruturação do povoado seguiu seu curso catastrófico com a inesperada enchente de inverno pouco comum em 1960. Com a invasão das águas do Orós, os habitantes correram risco de morrer, perderam suas terras e seus pertences, somente ficando-lhes a memória de seu passado e a tentativa de resgatá-lo para o seu presente. Desse modo, a comunidade encontrou em suas tradições a força que permitiria a sua continuidade em terras estranhas. Além das perdas materiais, viram-se ameaçados de perder o mito que lhes deu origem - a imagem de Nossa Senhora da Conceição - achada nas águas de uma das enchentes do rio Jaguaribe, nos idos de 1692, e agora prometida à localidade vizinha. O descaso do governo que deixou o povo entregue à sua própria sorte e a ameaça de perda da Santa foram a gota d'água para a reação popular. Juntaram-se, roubaram a Santa e levaram-na para a nova terra. Lá, refizeram o povoado geograficamente igual ao antigo, retomando a custa de suor e lágrimas suas tradições.

Hoje, a comunidade está inserida em um projeto permanente que visa reatualizar seu passado, fazendo-o parte necessária e imprescindível a seu presente. O Projeto Integrado Guassussê (PIG) desenvolve ações nas áreas de comunicação, educação, saúde e cultura. Este projeto tem como suporte as três escolas do distrito. Entendendo que o papel da escola não se esgota entre seus muros, a nova proposta pedagógica ultrapassa os limites do livro didático. Educadores, educandos e pais compartilham projetos de utilidade pública e oficinas de cunho profissionalizante-artístico. A comunidade, através desse projeto, promove feiras culturais, saraus, corais e grupos de dança. A integração entre pais, alunos e comunidade realiza-se através da mediação de uma radiadora comunitária - Nossa Senhora da Conceição. Lá, realizam-se programas educativos sobre saúde, higiene, meio ambiente, água ou qualquer assunto de interesse imediato da comunidade. Outro setor importante do projeto diz respeito ao resgate da medicina caseira, orientado pelos professores, realizado pelos alunos e mediado pelas pessoas idosas do local - os depositários da sabedoria popular. O conhecimento é socializado através da radiadora de feiras locais e da própria escola.

O PIG tem ainda uma característica peculiar. Ele resgata a história local através das histórias de vida dos idosos, contadas dentro da escola, nas aulas ilustradas, em suas casas, nas aulas de campo, recontadas pelas crianças e jovens. O resgate histórico da comunidade é importante, uma vez que conta a saga que eles viveram quando da construção do açude Orós, em 1960. A memória dos velhos fala do sofrimento dessa população no momento em que uma enchente que sangrou a barragem em construção os surpreendeu ainda no local. Essa história foi materializada numa peça de teatro - "Auto da Terra da Santa" - que envolve toda a comunidade, desde da preparação dos cenários, figurinos e adereços, criação de sistemas de som e iluminação até o treinamento de atores e atrizes - crianças, jovens, adultos e velhos da própria comunidade. A empreitada teve tanto sucesso que desde 1999 o texto teatral foi incluído no currículo escolar.

Todas essas ações conjuntas deram como resultado a diminuição do índice de evasão escolar e de repetência e o aumento de participação dos pais na escola. Em outro aspecto, contribuíram para a diminuição do índice de doenças infecto-contagiosas. E, num sentido mais geral, promoveram uma maior participação da comunidade em todos os seus aspectos e uma maior integração entre seus habitantes.

O PIG, em última instância, existe para assegurar a perpetuação de uma identidade ao povoado. Uma identidade que valoriza o cidadão através de atividades essenciais ao desenvolvimento da região. O projeto não só resgata o passado, mas constrói o presente e estrutura o futuro dessas pessoas. O PIG e sua grande ressonância dentro de Guassussê fazem lembrar que, apesar de estar inserido em condições adversas, o ser humano, quando motivado à ação, é capaz de tomar em suas mãos seu próprio destino. Um destino que se pretende diferente da situação atual de escassez que vigora no Nordeste do Brasil. É através de ações como essas que o desenvolvimento pode, enfim, chegar aos que dele precisam com tanta premência.

Seja através de ações isoladas de indivíduos, seja através do Estado ou da iniciativa privada.Todos somos, enfim, como brasileiros, responsáveis pela concretização de um modo de vida mais digno para essas populações.

O exemplo que Guassussê passa para todos revela que a preservação das tradições, suas inserções dentro de expressões artísticas, não é contrária à lógica do desenvolvimento econômico, muito pelo contrário, esta integração pode acelerar esse desenvolvimento, fazendo-o de forma responsável. Isso é o que se pretende concretizar com o turismo auto-sustentável.

O turismo auto-sustentável não deve pôr em risco as necessidades das gerações futuras. Ele deve respeitar os ciclos de tempo das comunidades, em sua capacidade de agir e reagir ao meio circundante. No exemplo de Guassussê vê-se que uma história de mais de 400 anos conseguiu se perpetuar, quase com a total ausência de meios eletrônicos, através da memória popular. Nesse sentido, o turismo auto-sustentável, com toda sua eficácia tecnológica, poderá vir a ser um elemento responsável e indispensável para a troca entre culturas, reatualizando tradições, resgatando a memória tão necessária às futuras gerações e reforçando as identidades locais. Eis aí o grande desafio.

Referências Bibliográficas

1. FREITAS, S. M. de. Prefácio. In: THOMPSON, Paul. *A voz do passado*. Rio de Janeiro: Paz e Terra, 1992.
2. GEERTZ, C. *A interpretação das culturas*. Rio de Janeiro: Guanabara, 1989.
3. GOFFMAN, E. *A representação do eu na vida cotidiana*. Petrópolis: Vozes, 1975.
4. HALBWACHS, M. *A memória coletiva*. São Paulo: Vértice, Ed. Revista dos Tribunais, 1980.
5. HALL, M. M. História oral: os riscos da inocência. In: *O direito à memória*. São Paulo: DPH, 1992. p. 157-160.
6. LINS DE BARROS, M. M. Memória e família. In: *Estudos históricos,* Rio de Janeiro, 1989. vol. 2, n. 3. p. 29-42.
7. MONTENEGRO, A. T. *História oral e memória*: a cultura popular revisitada, São Paulo: Contexto, 1992.
8. NORA, P. Entre memória e história: a problemática dos lugares. In: *Projeto história: Revista de estudo de pós-graduação em História e departamento de História da PUC-SP*, São Paulo: PUC-SP, 1993. p. 7-28.
9. NOVAES, A. Sobre tempo e história. In: NOVAES, Adauto (org.). *Tempo e história*. São Paulo, Companhia das Letras, p. 9-17.

10. ONDELLI, B. *O narrado e o vivido.* Rio de Janeiro: FUNART/IBAC, Coordenação de Folclore e Cultura Popular, 1993.
11. QUESADO, J.A. *Orós, símbolo de desajustamento do DNOCS.* Fortaleza, 1958.
12. REIS, N. G. Espaço e memória: conceitos e critérios de intervenção. In: *O direito à memória.* São Paulo: DPH, 1992. p.167-168.